儿童青少年
沟通心理学

钱　荣◎著

西苑出版社
XIYUAN PUBLISHING HOUSE
·北京·

图书在版编目（CIP）数据

儿童青少年沟通心理学 / 钱荣著 . -- 北京 : 西苑
出版社 , 2020.12
ISBN 978-7-5151-0782-0

Ⅰ . ①儿… Ⅱ . ①钱… Ⅲ . ①心理交往－儿童教育－
家庭教育②心理交往－青少年教育－家庭教育 Ⅳ .
① B844 ② G782

中国版本图书馆 CIP 数据核字 (2020) 第 195033 号

儿童青少年沟通心理学
ERTONG QINGSHAONIAN GOUTONG XINLIXUE

责任编辑　辛小雪　刘　崴
封面设计　张合涛
出版发行　西苑出版社 XIYUAN PUBLISHING HOUSE
地　　址　北京市朝阳区和平街 11 区 37 号楼 邮政编码：100013
电　　话　010-88636419
印　　刷　旭辉印务（天津）有限公司
经　　销　全国各地新华书店
开　　本　880mm×1230mm　1/32
字　　数　172 千字
印　　张　8
版　　次　2020 年 12 月第 1 版
印　　次　2021 年 1 月第 1 次印刷
书　　号　ISBN 978-7-5151-0782-0
定　　价　49.80 元

前言

Preface

“哇——呜哇——”

一声啼哭，孩子降生，一个家庭增添了一个新生命。从这一声啼哭开始，妈妈和爸爸开始承担起养育孩子的责任。

作为新手父母，突然承担起这个角色，焦虑开始萌生：

“没有学习过如何当父母，我们会当好父母吗？”

“这么小的孩子，不会说话，怎么知道他要干吗？我们说话他又听不懂，怎么办？”

“怎么一直在哭，到底要做什么？”

“哟，笑了，笑了，你们看，他在跟我笑！哈哈！”

孩子的哭泣让我们烦躁，无意识的一个笑容让我们欣喜半天。孩子半夜的啼哭让我们揪心无眠，那么如何从孩子的非言语表情、动作中读懂孩子需要什么？又如何与他进行非言语的沟通？

盼着盼着，眼里的孩子长大了，会走路了、会说话了、会叫“爸爸”“妈妈”了、会伸出小手喊“妈妈抱”“妈妈亲”，听到孩子那稚嫩的叫唤，父母内心像吃了蜜儿一样甜，但这时，新的烦恼出现了：

床上到处都是撕碎的抽纸，火冒三丈？怒吼让他停止？拿走抽纸，立即收拾干净？还是安心坐下来和他一起撕纸玩？

家里有很多玩具，孩子看到新玩具，还是赖着不走，大声叫嚷“我要玩，我要玩”，带他转身走开时，孩子大哭大闹不止，立马给他买？打骂让他停止？还是任由他哭？

带孩子出去玩，广场上许多小朋友在嬉闹，想让他参与其中，可是孩子一直钻在怀里，或躲在身后，训斥他？强行拉他过去？还是立马带他回家？

家里来了客人，也来了小朋友，可是孩子所有的玩具都不让别人碰，大声叫喊着“这是我的”“这个是我的，不要碰”“这些都是我的，你走开”，父母该如何化解尴尬的场面？

对于幼儿的成长，父母如何给他更多的安全感？让他敢于走出去，主动寻找同伴玩？幼儿在无理取闹时又该如何化解？在逐渐形成自我意识时，如何引导其乐于和同伴分享？如何帮助他培养良好的生活习惯、建立规则意识？

孩子上学了！终于不在家里淘气了！可是又来了新的困扰：

孩子突然说不想去上学了，父母怎么跟他沟通，以了解到底是什么原因？

孩子说在学校被小朋友欺负了，父母是第一时间质问他是不是做错什么了，还是耐心地引导他讲完整个过程？是站在他的角度，引导他自己解决？还是以权威的口吻，跟他讲有问题立刻告诉老师？

孩子上学后，有了学习的任务，父母的攀比心理可能也随之而来，越来越多的家长以“权威者”的身份命令孩子做这做那，赶着时间送他们去各种辅导班，与孩子的沟通却越来越少，我们如何更高效地与孩子沟通？如何让孩子还能跟自己心贴心，经常跟自己说说心里话？

青春期的孩子，懂得了更多，表达能力也强了很多，但与父母的沟通却变得越来越少，甚至一言不合就摔门而去，父母如何跟他们进行沟通？

青少年开始寻求自主、独立空间，进房间锁门，写日记锁抽屉，手机设置密码，父母是认可他们的独立需求，将其当作成人看待？主动与其沟通一些事件的看法？还是背着他们查看孩子的隐私？如何让他们敞开心扉与自己沟通？

孩子花越来越多的时间在手机上，抱着手机，对着手机傻笑，你询问笑什么时，得到一句“没什么”，是呵斥他赶紧回房间写作业，还是进一步探讨内容？

孩子交了很多朋友，在外面的时间越来越多，如何跟他探讨交友的原则和一些该守的底线？

孩子的学习直线下降，得知成绩后的你，如何与孩子沟通？孩子怎么学习都学不好，怎么引导？是给他报更多的班，告诉他必须学好，还是帮他探索自己的兴趣，另辟方向？

孩子的每一个成长阶段，都给父母带来不一样的困扰，父母也希望能够一直都与孩子有很好的沟通。但良好的沟通，需要父母的努力，父母是孩子的第一任老师，首先，要做好孩子的榜样，夫妻间要有良好的沟通；其次，要能理解孩子从婴幼儿期到儿童期、到青春期的每个年龄阶段的身心发展特点，能够跟孩子建立共情，站在孩子的角度换位思考，用心倾听他们的表达才能建立良好的沟通。

本书结合儿童青少年各个年龄阶段的身心发展特点，从非言语的沟通，家庭中的沟通，生活中的沟通，学习中的沟通，同伴中的沟通，手机、网络的沟通，挫折中的沟通 7 个主题入手，分析各个成长阶段沟通的特点，辅以大量生活案例，使读者能够更好地与儿童青少年进行沟通，从而创建良好的亲子关系。

目录
Contents

第一章　非言语的沟通：陪伴式沟通

第一节　哭泣：沟通从第一声啼哭开始　002
第二节　笑容：从无意识到有意识　010
第三节　对视：从“看”到看见　017
第四节　拥抱：依恋关系的建立　023
第五节　蹬腿：情绪的宣泄还是身体的发育　030
第六节　副语言：从声音听人心　037
第七节　倾听：无条件积极关注　042

第二章　家庭中的沟通：父母是孩子的榜样

第一节　忽视：先为夫妻而后为父母　050
第二节　我爱你：爱意的表达与传递　056
第三节　冷漠：冷暴力也是一种伤害　062
第四节　家庭暴力：无法挽回的创伤　067

第三章 生活中的沟通：规则的建立和社会角色的认知

第一节 害羞：躲在妈妈身后的孩子 074
第二节 抢占：走开，这些都是我的 080
第三节 听我的：规则？权威？尊重 086
第四节 角色扮演：我也想当爸爸 / 妈妈 092

第四章 学习中的沟通：引导良好的学习习惯

第一节 动机：学习内驱力的激发 106
第二节 畏难：放弃还是坚持 112
第三节 拖延：半夜睡觉因为作业多 118
第四节 成绩：第一名才最棒 124
第五节 厌学：除了学习，别无他路 130
第六节 博识：两耳不闻窗外事，一心只读圣贤书 136
第七节 辅导班：为了孩子还是为了自己心安 142

第五章　同伴中的沟通：帮助孩子找到自信

第一节　友情：同伴是成长的必须　150
第二节　冲突：矛盾化解与友谊的维系　156
第三节　别人家的孩子：有选择的比较　162
第四节　争宠：孩子间关系的缓和　168
第五节　榜样：寻找榜样与成为榜样　175
第六节　异性朋友：杜绝还是引导　181

第六章　手机、网络的沟通：一念亲近，一念成恨

第一节　手机：沟通？学习？游戏　188
第二节　网游：坚决杜绝还是一起玩耍　194
第三节　网络成瘾：戒断沉溺　200
第四节　流行语：缩小代沟的媒介　206

第七章　挫折中的沟通：也无风雨也无晴

第一节　孤立：走自己的路，让别人“无路可走”　214

第二节　霸凌：孩子如何自我保护　220

第三节　离异：父母的问题，与孩子无关　226

第四节　挫败：如何摆脱持续的挫折感　232

第五节　死亡：敬畏生命、仪式告别　239

第一章

非言语的沟通：陪伴式沟通

第一节　哭泣：沟通从第一声啼哭开始

婴幼儿期的哭泣

“哇——”

一声啼哭，孩子降生，这声啼哭是孩子与世界沟通的开始——“我来啦！”也正是从这声啼哭开始，父母开始了与孩子的沟通。

孩子降生，还未掌握言语表达的技能，父母担心无法与孩子沟通，但其实，婴儿虽然还没有学习语言，但他们已经有了实现沟通的能力。新生儿不仅能够听见声音，还能够区分声音的音高、音响和持续时间，能准确分辨出熟悉的照料者，尤其是妈妈的声音。1 个月大的婴儿能看清 30 厘米以内的东西，6 个月至 1 岁的婴儿视力已经达到成人水平。

“呜哇哇——”

过一会儿，同样的循环，再来一次，在反复尝试中，我们终于知道：

哭泣时，伴随着咧嘴、蹭脸，说明宝宝饿啦！

哭泣时，伴随着踢腿、翻身，说明尿不湿让宝宝不舒服了！

哭泣的同时伸出双手，说明宝宝要抱抱！

……

孩子通过啼哭，表达他们的需求，当需求得以满足时，哭泣终止，沟通得以实现。

【沟通心理解读】

良好的亲子关系是亲子沟通的基础和关键，而亲子沟通也是建立和维系亲子关系的过程。婴儿期的啼哭是婴儿与父母沟通的主要形式，也是建立早期亲子关系，即亲子依恋的关键。依恋是婴儿与照料者之间积极的情感联结，也是婴儿寻求并企图保持与另一个人亲密的身体联系的一种倾向。这个人主要是妈妈，也可以是与婴儿有着密切联系的其他照料者。

如果孩子的哭泣经常得不到及时的反馈，甚至被有意的搁置，那么孩子早期的依恋关系就很难建立。哭没用，大声哭没用，长时间地哭也没用，外界和自己的沟通是断开的。这样的孩子，很可能形成习得性无助，甚至会表现出“无欲无求”的状态，与父母的沟通也就越来越少。

妈妈发现孩子哭累了，确实不哭了，虽然最初的几次，一次比一次哭得久，也哭得更大声，但坚持几次不搭理，孩子哭得就少了，不过，好像也不那么活跃了，跟自己的互动也少了。下班回家，孩子看一眼自己，没有任何表示，继续着自己的活动，而自己出门，孩子也没有任何反应。

这样的孩子未形成依恋，属于回避型依恋，也称“无依恋儿童”。

另一类孩子，平时就比较爱哭，也不太容易被安抚，父母与他们沟通的耐心容易被耗竭，孩子不停地哭泣，妈妈也很烦躁，沟通难以在平和的状态下实现。

妈妈发现自己要出门之前，孩子就会很警惕，出门时强烈反抗；妈妈在身边时，孩子又表现出发怒的表情，排斥与妈妈的接触。这样的孩子形成的是反抗型依恋。

回避型依恋与反抗型依恋都是不安全依恋，这两种类型的孩子容易形成无回应、不搭理式的沟通，愤怒、埋怨式的沟通，他们很难与父母建立良好的亲子关系，长大后也很难与他人建立良好的亲密关系。

【父母该怎么做】

新生儿出生的第一种行为表现就是哭，1 个月内的新生儿，哭声是未分化的，哭声本身没有太大的差别，但引起哭的原因有好几种，需要父母在悉心照料中仔细观察孩子哭声伴随的不同的需求，并根据孩子的作息解读他们的哭声，以回应他们的需求，实现沟通。

幼儿早期的哭泣与需求的满足，是形成亲子沟通连接的基础。若孩子的每次哭泣都能得到及时回应，这样的孩子更容易形成安全感，也更容易与照料者建立安全的依恋关系。这对孩子形成最初的信赖和性格的形成都有着重要影响。

若父母对幼儿的哭泣都能及时地、积极地反馈，幼儿与妈妈在一起时能处于比较平和的状态，这样亲子之间就形成了健康的、积极的沟通状态。幼儿建立安全的依恋后，更容易建立对自己、对他人的信赖，与父母、同伴的沟通更顺畅，长大后也更容易与他人建立亲密关系。

儿童期的哭泣

“哇哇哇……我就要，我就要……”

“好了，不哭了，我们到前面看看！”

“不行，我就要，呜哇哇……”

“走不走！不要哭了！再哭打你了啊！”

“呜呜呜……我就要，呜哇哇……”

在商场里，我们经常能看到这样的一幕，孩子赖在某个玩具前面，大声哭嚷着要父母帮他买下这个玩具，父母拒绝他时，孩子立刻大声哭泣，甚至躺在地上耍赖大哭。这时，站在边上的父母对于孩子的大哭大闹措手不及，而孩子的哭闹又引来了很多注视的目光，热情的售卖员在边上说：“孩子要，你就买给他吧。”听到这声“鼓励”，孩子哭闹得越发强烈。

此刻的父母非常尴尬，也会有点儿愤怒：买？家里已经有类似的玩具了，没有必要再买；不买？这孩子的哭闹样子，不买很难止哭，周围人会说父母不作为……

在一番两方拉扯后，要么父母妥协，买下玩具，孩子停止哭泣，之后孩子哭闹要东西的频率也就会更高了；要么有些父母在这情景中，怒火越发强烈，直接用打骂制止的方式将孩子强行拖走，甚至边走边打骂，孩子在打骂中被威吓止哭，但这之后，孩子生气、发怒的频率也增加了，甚至出现了暴力行为。

【沟通心理解读】

儿童从 2 岁开始，已经逐步掌握交流能力，对情景的观察很敏感，知道察言观色，感知到在人多的情景下父母的尴尬。知道在有人帮自己说话时，自己想要的东西容易得到，尤其是哭闹后，儿童发现父母更容易满足自己的需求，哭闹是很好用的“要挟”工具，于是屡试不爽，哭闹也逐渐升级。

当不能用完整的语句清楚地表达自己想说的内容以及对方听不懂自己想要表达的意思时，儿童会着急哭泣；当自己喜欢的东西被损坏时，儿童会伤心哭泣；还有一种要挟式哭泣，即为了满足自己的需求，以哭泣、大声哭闹为要挟，而达到目的。

【父母该怎么做】

与哭泣的儿童沟通，首要是能换位共情，理解他当前的状态和哭泣的原因，之后是情绪的平复、平等的沟通。

在类似的情景里，父母要做的首先是平复自己的情绪，能够让自己以平静的状态处理当前的情况。蹲下来，先劝孩子平静下来，再进行转移注意力的沟通：这个玩具和家里的玩具有哪些相似点？家里的玩具放在哪里了？这类玩具是怎样的玩法？回家后我们可以怎么玩？这样逐渐将孩子的注意力从当前的玩具转移到家里类似的玩具上，回忆玩具的特征，期待着回家与父母一起玩耍，从而逐渐走出当前的情景。若哭闹一直无法制止，先将孩子抱到安全的无人区域，待平静后再进行沟通。当然，如果孩子表达了这个玩具有什么新特征、他喜欢的什么特点，孩子与父母也在沟通他的需求点时，父母也可以适当地满足他的需求。

父母与哭闹的儿童沟通，最终要达到的目的，是让孩子明白：哭闹不是要挟的工具，和父母沟通，恰当地表达自己的诉求，父母才更有可能满足自己。而父母，也有了更多与孩子沟通的话题。

青春期的哭泣

“这次考试怎么又考得这么差，整天就知道玩游戏、弄发型，时间玩掉了，成绩玩完了，你看看隔壁的小吴，每次考试都比你高几十分，你也学学人家，你考不了第一名，至少考个前 10 名给我看看吧。”

“他也玩游戏。”

“还顶嘴！我让你顶嘴！”“啪——”一个巴掌。

“人家玩游戏怎么还能考那么好呢？你学习有没有用脑子啊！”

“我学了。”

“还顶嘴！叫你顶嘴！”“啪——”一个巴掌。

“你说你，整天弄你的头发，考这么差，还有心思打扮，手机、发蜡全部没收！”

“……”

“砰——”孩子摔门进了房间。

【沟通心理解读】

进入青春期的孩子，身体迅速成长，神经系统的兴奋加强，开始出现第二性征，情感容易受到情景的影响：冲动、易怒、不善自制，有很强的自尊心，注重形象，希望周围的人都将自己当作成人看待，但又会因为心理与生理发展的不平衡，产生紧张、焦虑、自卑的心理。与人沟通时，他们自认为已经成年、什么都懂，喜欢标新立异、虚张声势、表现个性；言语表现出成人化的特征，对父母回避、逆反，甚至抵触，不轻易表达情绪，讨厌父母威胁、命令、压迫式的沟通方式。青春期的孩子非常在意自己的形象，几乎不会在别人面前哭泣，在他们眼里，哭泣是孩子才有的表现；不哭，是自认为成熟的表现，也是态度的表达。躲在被窝里哭泣，在人前强装镇定，是青少年常见的情绪表达的方式。

【父母该怎么做】

父母需要尊重和接纳孩子即将成年的事实，将孩子当作大人看待，与他一起成长，放下自己“权威者”的身份坐下来，与孩子平等对话，少控制、少命令、少批评，多理解、多鼓励、多陪伴，主动了解他当前的状态，对他予以肯定和鼓励，打开沟通的大门，孩子才会与自己有更多的沟通。

青春期的孩子，若能主动跟父母倾诉、谈心，父母应该更为欣喜，这说明孩子将你当成了理解他的朋友，你们的沟通是平等的、通畅的，孩子内心的大门，对父母也是敞开的！

沟通良方

哭，是人类最基本的表情之一，是情绪的宣泄，是情感的表达，也是对需求的哭诉。孩子哭泣有很多原因，作为父母，要充分体察孩子的状态，分析哭泣表达的需求，了解哭泣的原因，不是让孩子立刻停止哭泣，而是建立有效的沟通连接。

婴幼儿期的哭泣，以寻求生理需求的满足、寻求关注为主，父母需尽可能地满足需求，建立安全依恋；儿童期的哭泣，以要挟式哭闹为主，父母需“蹲下来”，与孩子建立平等沟通，让孩子主动表达需求并适当满足，避免孩子将哭闹当成满足自己需求的要挟手段；青春期的哭泣，常常是偷偷哭泣，父母需多体察孩子的状态，少干预、少控制、少命令、少批评，将他当作成人看待，与孩子一起“坐下来”，平等沟通，多理解、多鼓励、多陪伴，与孩子一起成长！

第二节　笑容：从无意识到有意识

笑容，是人际沟通中出现频率最高的表情，也是最常见的非言语表情之一。有豪放的“哈哈”大笑、斜瞄的“嘿嘿”笑、腼腆的“嘻嘻”笑，也有优雅的职业性微笑、发自内心的真笑、应付情景的假笑等。笑容，能拉近人际距离，打破尴尬的局面，促进沟通的进行。孩子在成长的过程中，能够逐渐学会笑，从无意识的、无选择的微笑，到能够识别对象、识别情景，使用不同的笑容。父母在与孩子的相处中若能有较多的笑容，丰富的表情，孩子受到父母的影响也会有更多的笑容，也会在沟通中更好地运用笑容。

婴幼儿期的微笑

婴儿的笑，是从无意识的微笑到习得的、有选择的微笑，是第一个学会的社会性行为。婴儿通过笑，可以引起周围的人对自己的积极关注，照料者的微笑、抚摸、抱抱，都能强化婴儿的微笑，而亲子间微笑的沟通也有利于依恋关系的加强。

“咯咯咯——”

“看看，孩子朝我笑呢！呀！开心吧！笑一个哈！”

孩子的照料者，尤其是父母，对于孩子出现笑容非常开心，也会尝试用各种方式逗孩子笑：摇晃波浪鼓等玩具，触摸婴儿的身体部位，用自己的笑容诱发婴儿微笑，发出奇特的声响，抱着婴儿摆出奇怪的表情或动作逗婴儿笑。

【沟通心理解读】

5 周内的婴儿还没有真实意义的微笑，仅是靠嘴做出样子，面部还未形成微笑的系统表情，此时属于自发的微笑，又称内源性微笑。这类微笑在婴儿没有外部刺激的情况下发生，属于自发性的或反射性的笑，一般在婴儿睡着时出现得较多，照料者抚摸婴儿面颊、腹部，也可以引发婴儿微笑，这种微笑还不是真正的具有社交意义的微笑。

1 个月左右开始到五六个月大的婴儿，开始从无选择的社会性微笑向有选择的社会性微笑发展，人脸和人的声音相对更容易引发他们的微笑，开始时他们只对移动的脸出现短时间的微笑，之后会对不移动的脸发出持久性微笑，这是选择性微笑出现的标志。但这一阶段的婴儿对熟悉的照料者和陌生人的微笑还没有区别。

从五六个月起，婴儿开始出现有选择的社会性微笑。婴儿会对熟悉的人发出无拘束的微笑，但会对陌生人产生警惕。

【父母该怎么做】

“逗弄式”微笑互动，是父母和孩子最早的互相愉悦沟通，父母喜欢这样的逗笑过程，自己的动作、表情能引发孩子积极的反馈，不经意间就会多一些时间陪伴在孩子身边。而婴儿非常喜欢父母的陪伴，尤其是这种积极的互动陪伴，他们会选择用微笑，甚至大笑吸引、挽留父母在自己身边。

父母与婴儿的微笑互动，对于婴儿微笑表情的习得、对于性格的形成、对于亲子关系，尤其是早期的依恋关系的建立和巩固，都有非常重要的作用。

儿童期的笑容

小志一直是“吃饭困难户”，每次吃饭时先磨蹭玩弄，饭含在嘴里不咽，等到别人吃完了，他的碗里还剩许多饭没吃，一次、两次、三次……孩子的爸爸每次看到小志这样吃饭的状态都很生气，冷着脸训斥，甚至有时直接拿起戒尺打骂、威吓。小志每每都是在哭声中将饭吃完。经过多次这样的情况，爸爸每到吃饭就皱着眉头，而小志每到吃饭时也都有点儿焦虑，总是担心爸爸会揍自己，吃饭变成了一件很严肃的事情，小志和爸爸都形成了小志不会好好吃饭的观念。

这样的恶性循环，对父母和孩子来说，都不利于吃饭习惯的养成。吃饭原本是一件让人愉悦的事情，而经过这样的反复强化，吃饭对孩子来说变成了让自己痛苦的事情。因此，若能换种沟通方式，换种表情，适时地微笑、鼓励，对孩子主动大口吃饭及时给予肯定，孩子反而会比打骂的情况下吃得更快，双方的心情也都会更愉悦。

孩子上学以后，有了管教学习的压力，父母对孩子的微笑越来越少。“不谈学习，母慈子孝，一谈学习，鸡飞狗跳”，网上也有各种报道，因辅导孩子，父母难以控制情绪，甚至气得住院的。每每看到孩子下降的成绩、孩子学习时的坏习惯，父母总是会立刻怒火中烧，对孩子发泄怒火。但当孩子表现较好时，却又吝啬自己的微笑、肯定和赞美，生怕孩子会得意忘形。其实很多时候及时的微笑认可，在表现不好时用孩子自己表现较好时的例子引导他，远比发怒、训斥、怒吼的效果要更好。

孩子看到下班后的妈妈很辛苦，端上一杯水递过去，结果妈妈对孩子递过来的关心并没有认可和微笑，反而冷着脸训斥道“你只要管好学习，其他都不用管”，这样的沟通方式，阻止了孩子对自己的主动关爱，也将孩子和自己的沟通给阻断了。孩子缺少对这种关爱他人的行为的微笑鼓励，也会逐渐冷却自己关爱他人的“热心”，成长过程中逐渐丧失主动关爱他人、与人亲密交往的技能，很难形成自信的状态、建立友善的人际关系。

【沟通心理解读】

孩子到了儿童期，已经掌握了社会性微笑，会有选择地微笑或哈哈大笑。对于熟人的出现，尤其是父母，孩子会不由自主地笑着跑过去，伸出双手要抱；听到父母的夸赞，也会非常开心，笑着重复父母对自己的表扬；对于他人表情的识别，尤其是微笑的感知非常敏感，当看到父母或长者微笑着鼓励自己时，会非常开心。上学之后，老师的夸赞、好玩的游戏，都能激发孩子的笑容，孩子受到老师带着微笑的鼓励和肯定，也会表现得更积极。

【父母该怎么做】

孩子渴望微笑，尤其渴望父母对他微笑，因为在孩子看来，父母的微笑就是肯定、认可、赞美、欣赏，是鼓励他继续做下去。经常受到父母微笑认可的孩子，做事会更加主动、积极，也容易形成乐观、积极的心态。

孩子发音发不准、写字写不好时，微笑着鼓励他一次次尝试，孩子会逐渐掌握表达的技能；孩子遇见人不敢打招呼，微笑着鼓励他、跟他介绍叔叔阿姨怎么叫，一次次鼓励后，孩子会自信、大方地与人打招呼；孩子不敢上学，微笑着鼓励他进去，对他在幼儿园的表现予以微笑肯定，孩子会打消顾虑，开心上学。有时，微笑鼓励的力量比大声训斥的力量要强得多。

青春期的笑容

孩子进入青春期后，非常希望周围的人都将自己当作成人看待，但他们对于成人也有自己独特的定义，比如，冷酷、不苟言笑、不表露自己的心思。

【沟通心理解读】

青春期的孩子，身体上出现了很大的变化。男生身高进入成长飞跃期，雄性激素分泌旺盛，开始长喉结、变声、长胡子，出现遗精；女生雌性激素分泌旺盛，胸部发育、体态丰盈、月经来潮。他们对自己身体的变化容易产生误解，尤其当自己的成长与大家不同步时，同伴的嘲笑导致他们更容易自卑。

青春期的孩子开始对异性产生兴趣，情窦初开，有种朦胧的倾慕，会故意与对方打闹而引起对方注意；会在课堂上时不时地偷瞄对方；会在放学路上创造一起走的机会多看几眼；会在课后以交流学习内容为借口多聊几句；会给对方买零食……这些举动，很可能会被细心的父母、老师发现，早恋的担忧，会让大家反应过激。父母、师长需平心静气地与其沟通，对孩子表露出的对对方的欣赏和赞美，并不反应过激、全盘否定，而是适当地予以微笑认可，孩子会认为你能理解他的赞美。孩子的情感状态有进展时，也会主动找父母沟通、分享喜悦。

【父母该怎么做】

父母和老师此时需要做好对青春期孩子的引导，发现孩子的自卑状态时，及时做好沟通，普及相关知识，打消相关疑虑，帮助他们找回自信。

父母要做的，一方面是倾听，站在对方的角度思考，与孩子产生共情，对孩子分享的内容予以中肯的分析；另一方面是解惑，对于孩子可能好奇的方面，能够从中立的角度予以解释，以平等的身份共同面对青春期难题。

沟通良方

卡耐基说：“笑容能照亮所有看到它的人，像穿过乌云的太阳，带给人们温暖。”笑容能打破人与人之间的尴尬，架起沟通的桥梁；笑容能化解人与人之间的隔阂，搭建沟通的平台；笑容能安抚不安的情绪，鼓励对方增强信心。

父母与孩子的沟通，需要巧妙运用微笑的表情，经常给孩子积极的反馈、及时的鼓励、及时的认可、及时的赞美。对于孩子的笑容，父母要及时报以笑容，让孩子在积极的互动中成长，自信、乐观地面对生活。

第三节　对视：从“看”到看见

对视，即眼神交流，是沟通中常用的最基本的非言语沟通形式之一。眼睛，是心灵的窗户，从对方的眼神中，我们能读出很多信息：开心、伤心、不满、回避、愤怒、恐惧等。在与孩子的沟通过程中，若我们能及时地把握孩子眼神中流露出的信息，便能及时地把握孩子的心理状态，有利于沟通的进行。

婴幼儿期的对视

新生儿出生便能察觉到眼前的光亮，已经能用眼睛追随刺激，能区分不同明度的光。在出生的前 2 个月，婴儿对光的明度的敏感性发展很快，6 个月到 1 岁的婴儿便能达到正常成人的视力水平，婴儿对面孔表现出偏爱。但不同的婴儿对眼神的识别和使用存在一定的差异。

【沟通心理解读】

婴儿在最初的几个月，虽然屈光度、视敏度有了发展，能有看的动作，但在最初的 3 个月内，婴儿虽然表现出对面孔的偏爱，但并不能看清人脸，对于真实的人脸和图片的人脸并不能有明显的区分。

婴儿对于情绪的表达没有任何掩饰，从他们的眼神、表情中就能解读出情绪。婴儿最初以基本的生理需求刺激而出现的哭和笑居多，看到父母或熟悉的照料者时，瞳孔放大，嘴角翘起；饿、疼痛、害怕或需要关注时，双目圆睁、大声哭泣。成人的表情相对比较复杂，有了许多社交意义，婴儿并不能识别出父母复杂的表情。

1 岁以后的幼儿，学会了观察父母的表情，能从父母的眼神、表情中看出基本的情绪变化，父母笑了，他们知道父母是开心的，但却很难分辨出不开心和专注的区别。经常出现这样的情景：孩子在玩着自己的游戏，你在思考问题，过了一会儿孩子跑过来，你还沉浸在自己思考的问题里，并未注意到跑来的孩子，没有眼神反馈。孩子会抱着你问："妈妈，你怎么生气了？"你可能会觉得很纳闷，只是未关注到他，没有与他眼神交流，孩子怎么就会认为妈妈是生气的。其实，对幼儿来说，眼神的交流是他们确认父母是否在关注自己、认可自己的关键，而父母生气时会选择转过头去，不理孩子，对孩子来说，若父母没有与自己眼神交流，那么可能就是生气了。

【父母该怎么做】

眼神交流是沟通的最重要的技能之一，从婴儿开始，我们就在帮助孩子进行眼神训练，比如，婴儿最喜欢的"躲猫猫"游戏。从最初的用被子、枕头、毛毯等遮盖住脸，再掀起来和孩子眼神交流，拿下的瞬间，孩子会表现出非常欣喜的表情。随着婴儿的长大，“躲猫猫”的范围扩大，在家里的角落，如窗帘后面、门后面，当孩子被发现的瞬间，与孩子眼神对视，父母向孩子传递愉悦的眼神、欣喜的情绪的这一过程能够训练孩子的眼神。尤其对于有孤独症的孩子，他们惧怕眼神交流，回避对视，通过这类游戏，可以帮助他们训练眼神。

儿童期的对视

儿童与人沟通时，已经学会使用眼神交流，希望父母或照料者与他们沟通时多看向他们,与他们有一些眼神上的互动与鼓励。眼神的交流互动是沟通的基本保障，父母希望孩子与自己沟通时是专注的。同样，孩子也希望父母与自己沟通时是专心的，能够全身心地关注他们，及时与他们对视，给予他们眼神上的鼓励和赞赏。

“看着我的眼睛，听妈妈说……”这是亲子沟通中经常出现的话语，父母认为孩子看着自己，才是他专注在听的表现，而若孩子没看自己，就说明没在听。有研究表明，孩子在听的过程中，有时出现的眼神回避，或看向脚下、看向一边，是表示在听的同时也在思考听的内容，而孩子一直看着你，他也并不一定所有的内容都听进去了。持续的对视，并不意味着持续的专注。

【沟通心理解读】

通过孩子的眼神，我们能读出孩子对当前沟通的态度。在上课时，我们会发现有的学生听着听着，眼神游移不定呈呆滞状态，就可以判断出，他的注意力已经不在课堂上；当你与孩子在沟通的过程中，说到某一点时，孩子突然抬起头，眼神与你对视，眼睛睁大，带着质疑的表情，说明他对你刚才所说的内容产生了疑问，需要进一步商讨；在与孩子沟通时，如果他看你的次数越多，说明他对谈话内容越感兴趣；相反，如果整个谈话他总是将目光移开，同时表现出不耐烦的状态，说明他想快点儿结束当前的对话。

有些孩子生来就比较外向，从会表达开始，就会主动和身边的人沟通，主动与人打招呼，忽闪着一双大眼睛，主动向人分享自己的小秘密或小乐趣，拉着人跟他聊天；有些孩子从小就性格内向，喜欢躲在父母身后，在公共场合，几乎不敢说话，偶尔说出几句，也是低着头，与人没有任何眼神交流，声音小得只能自己听见。

【父母该怎么做】

孩子性格的形成有先天的因素，妈妈们经常用来形容的“天使宝宝”“恶魔宝宝”，其实也是天生的性格差异，有生来爱哭爱闹的，有生来就比较安静的，有稍微不舒服就哭个不停的，有整天都要父母抱着的，有自己可以待在床上玩半天、有需求时喊两声，满足后又能自己玩的……这些性格的差异，与孩子以后与人沟通时表现出来的差异相关，但性格也是有后天塑造的成分。

父母可以通过眼神的鼓励、赞赏，对孩子的表达进行鼓励。当孩子当众表达或与自己说话，偶尔抬起头看向你时，立刻回应以点头、微笑，看到你鼓励、赞赏的眼神，孩子会立刻受到鼓舞。

多几次这样的鼓励，孩子表达时抬头的次数也会增多。孩子表达结束时，父母可以抚摸着他的头，看着他的眼睛，夸赞他刚才的几次抬头眼神交流，夸赞他的表达，孩子对于表达、沟通也会越来越有自信。

青春期的对视

青春期的孩子处于非常敏感的阶段，他们对父母的言语会比较烦躁。孩子经常将自己锁在房间里，父母也经常想找机会多与孩子沟通几句，但经常被孩子很不耐烦地打断“知道了，知道了，怎么那么烦”，于是沟通终止……

【沟通心理解读】

青春期的孩子，并不太关注父母说话的内容，相比于语言，他们更在乎父母表达时的态度是居高临下的、压迫的、控制的、训斥的，还是温和真诚的、亲和理解的。父母表达时，自以为很好地控制了自己的情绪，但孩子也能从父母的眼神里读出焦虑，读出父母对孩子的不认可。青春期敏感的状态，需要父母能够更多运用眼神的力量，多关心、多鼓励孩子。

【父母该怎么做】

不再“口若悬河”，不要任性地使用我们的言语。过多的言语只会让孩子觉得反感。父母在孩子青春期时需要学会少说，多利用非言语表情给予孩子陪伴。少说并不比多说容易。一方面，父母要从孩子平时的表现中观察孩子的状态，观察不是偷窥，而是从孩子的言行举止中关心他的状态；另一方面，父母要将孩子当作成人，摆出平等的姿态，多用非言语的沟通，尤其是眼神的沟通。

父母给予鼓励、支持的眼神会激发孩子继续努力的斗志；父母责备、警告的眼神会令孩子意识到自己的错误；父母关爱、疼惜的眼神会让孩子感受到父母的爱。对于孩子获得的成功，给予微笑鼓励，眼神肯定；对于孩子遭受的挫折，给予拍肩、拥抱，鼓励他继续努力。

沟通良方

教育界有这样一段话："聪明的父母用眼神教育孩子，一般的父母用嘴巴教育孩子，差劲的父母用拳头教育孩子。"

眼神沟通是父母教育孩子的一把利器。通过眼神，父母可以表达对孩子的关注、倾听；通过眼神，父母可以表达对孩子的赞许、鼓励；通过眼神，父母可以传达对孩子的失望、不满或是愤怒；通过孩子的眼神，父母可以读出他的害羞、害怕，读出他的开心、欣喜，可以读出他的伤心、不满，读出他的质疑、恐惧……

对视，即眼神交流，为父母理解孩子提供了很多信息，为父母能更好地体会孩子当下的情绪状态、更好地倾听孩子所表达的内容、与孩子有更进一步的沟通提供了保障。因此，父母多与孩子对视、多用眼神与孩子交流，能让亲子间的沟通更加顺畅。

第四节　拥抱：依恋关系的建立

美国威斯康辛大学的心理学家哈洛设计了一系列实验，他将幼猴与母猴隔离开，制造了两只假母猴代替真母猴——一只是由金属丝构成的圆筒，称为“金属母猴”，另一只是在圆筒外面盖上了一层柔软毛巾的“布母猴”。这两只“母猴”都装有可供幼猴吸吮的奶瓶，两只幼猴可以自由选择接近哪只“母猴”。

实验显示，不论布母猴是否提供食物，幼猴除了吃奶时间，大部分时间都会选择与布母猴在一起度过。而当哈洛将大的发条玩具熊（怪物刺激）扔进笼内时，单由布母猴抚养的幼猴立即跳到布母猴的身上，紧紧地抓住它，之后会慢慢地去探索这个“怪物”；而仅由金属母猴抚养的幼猴看到“怪物”时，并不会逃向“母猴”，而是猛地想把“怪物”推开，或将自己摔在地板上，或者靠着笼子摩擦身体。

这个实验是研究拥抱与亲子依恋的经典实验，反映拥抱是亲子依恋形成和巩固的关键，它在孩子成长的各个年龄阶段都起到非常重要的作用。

婴幼儿期的拥抱

曾经有过这样一则报道：1995 年 10 月，美国马萨诸塞州布丽尔和凯利这对双胞胎姐妹早产 12 周出生，每个人的体重只有 2 磅左右，她们出生后，立即被送到了新生儿重症监护室，各自待在独立的保育箱里。

在监护室住了 3 周之后，凯利的体重略微上升，状态也比较稳定；但是布丽尔的情况却每况愈下，她一直不停地号啕大哭，呼吸越来越微弱，心跳越来越快，血液中的氧气含量急剧下降……

护士凯丝培莉心急如焚，她抱着小布丽尔，用毯子把她包起来，让爸爸抱她，给她吸鼻腔……但是，不管怎样，孩子还是大哭不止。

就在大家束手无策时，她突然想到了一个之前听说的、但却不符合医院规定的方法——把双胞胎放在同一个保育箱里。

两个幼小的生命来到世间经历分离后再次相聚。

接下来，意想不到的事情发生了——一躺进去，凯利的身体向布丽尔依偎过去，将小胳膊绕上她的身体，拥抱了布丽尔。几乎就在那一刻，奇迹发生了，布丽尔的心跳稳定下来，体温也渐渐回到了正常水平，低得惊人的血液含氧量也开始回升！她安静了下来，肤色渐渐红润，俨然获得了新生。

几周之后，两个孩子健康出院，人们将这个拥抱称为“救命的拥抱”。

两姐妹的这个拥抱，让医学人士开始意识到，肌肤的接触对新生儿有如此大的帮助。

【沟通心理解读】

拥抱，是人与人之间零距离表达爱与关心的方式。婴儿出生后，最先学会的就是拥抱。拥抱是让他们获得安全感、与父母近距离接触的方式。

刚出生的婴儿睡不踏实或大声哭闹时，医生或护士会让婴儿趴在妈妈的肚皮上，或贴着妈妈放，婴儿会睡得很安心；很多婴儿睡觉时还喜欢摸着妈妈的肚子，这也是在寻求跟妈妈的近距离接触，寻求安全感。研究发现，早期的触摸体验会持续影响孩子大脑对温度和触摸的反应，能够促进生理和认知的发展。

婴儿不会言语沟通，最常见的动作便是伸出双手“求抱抱”。拥抱，这一肢体接触，是他们进行沟通的最初方式。通过拥抱，他们与照料者近距离接触，获得安全感，建立依恋关系。

【父母该怎么做】

婴幼儿最需要的情感沟通方式，就是父母的拥抱。拥抱可以让婴幼儿感知父母的存在、感知父母的温度、感知父母对自己的关爱。当孩子伸出双手时，要立刻给予孩子一个回应的拥抱，平时也要主动多抱抱孩子。父母若能经常抱抱孩子，就有利于孩子形成较强的安全感、建立较好的依恋关系，孩子也更敢于去探索周围的世界，还利于亲子间的沟通。

儿童期的拥抱

7 岁的小男孩小南特别喜欢毛绒玩具，家里堆满了小狗、小猫、小熊、小兔子、洋娃娃等毛绒玩具。无论做什么事，他都要抱着毛绒玩具，吃饭抱着，睡觉抱着，出去玩耍要抱一只毛绒玩具，甚至上学也要抱一只毛绒玩具。

小南的父母很不理解他的行为，按道理，一般都是女孩喜欢毛绒玩具，作为一个小男孩，为什么小南会这么偏爱抱着毛绒玩具？甚至给他拿走，还会哭闹不停。

小南的父母咨询儿童专家时被问道："你们平时拥抱孩子吗？"父母这才知道症结所在。

小丽的家里最近新添了一个小宝宝，爸爸妈妈整天都围着弟弟转，出去玩时，妈妈抱着弟弟，小丽自己只能牵着妈妈的衣角；小丽想让妈妈帮自己打开牛奶盒子，可是弟弟正在哭，她只好自己想办法打开，手好疼；小丽不小心摔了一跤，以前妈妈总会立刻跑过来，帮她摸一摸，给她抱一抱，可这会儿，妈妈还在远处推着弟弟；回家时，小丽对妈妈说："妈妈，你可以抱我一下下吗？"

只要"一下下"，这也是很多孩子的心声，"一下下"的拥抱，可以吗？

【沟通心理解读】

孩子在儿童期与父母的亲密接触，尤其是拥抱，影响到孩子在整个儿童期的社会关系与身体各个系统的健康，这样的影响还会延续到成年。研究发现，人都有一定程度的“皮肤饥饿感”，需要通过拥抱等形式得以满足。研究指出，在很多情况下，人对触觉的需求比对言语或情感的需求更强烈，触摸有利于儿童的身心健康。

“爱我你就抱抱我”，拥抱能够满足触摸的需求，是直接的表达爱的方式，是父母与孩子之间建立情感联结的方式。通过拥抱，孩子能体会到父母的爱、感受到父母对自己的认可，缺少拥抱的孩子，相对会少一些安全感，他们会通过拥抱布娃娃的方式来弥补，但内心对关爱的感受却无法弥补。

【父母该怎么做】

在父母与孩子的众多接触中，以抱着孩子和搂着孩子肩膀的方式最能使孩子产生强烈的幸福感和安全感。父母经常给孩子拥抱，也是在告诉孩子，不管发生什么，父母对你的爱不变。

父母要做的，就是伸出臂膀，每天都给孩子一个拥抱，孩子的状态会更积极，跟父母的关系也会更亲密。

青春期的拥抱

美国一项研究将学生分成两组。第一组学生被要求 4 周内每天至少给予或是获得 5 个拥抱。他们要尽可能多地拥抱别人，并且记录下所有的细节。而第二组，作为控制组，被要求 4 周内记录下他们每天阅读的时间。4 周之后，拥抱组每个人平均拥抱了 49 次，并且普遍报告自己变得更加快乐了。而阅读组并没有什么变化。

【沟通心理解读】

拥抱时，人脑会分泌让人愉悦的多巴胺，以及舒缓焦虑的血清素，它们能缓解压力、不安、焦虑，改善记忆力，还可以增强愉悦感和免疫力。常被拥抱、较多感受社会支持的人较少患严重病症。研究认为，肢体接触能减少体内分泌刺激压力反应的激素，有效降低对心脑血管系统的冲击及免疫系统的过度反应。

从父母的拥抱中，孩子能感受到父母传递的力量，在身心放松的同时，感受到父母带给自己的力量，就像在说："孩子，你一定能行的！"尤其当孩子遇到压力时，这股力量可以促使孩子将压力释放，他们的状态也会得以改善。

【父母该怎么做】

青春期的孩子，面对学习的压力、交友的压力、考试的压力，父母也没有太多的机会与孩子促膝长谈、联络感情，拥抱是跟孩子表达爱、帮助孩子缓解压力的重要形式。

当孩子遇到开心的事时，给他一个拥抱；当孩子没考好时，给他一个拥抱；当孩子交到一个志同道合的朋友时，给他一个拥抱……找一切拥抱的借口，给孩子拥抱，让他感受到关爱、支持。

沟通良方

心理学家萨提亚说：“我们一天需要4个拥抱才能存活，需要8个拥抱才能维持活力，需要12个拥抱才能成长。”作为父母，在孩子成长的每一个阶段，每天都给孩子一个大大的拥抱吧！

第五节　蹬腿：情绪的宣泄还是身体的发育

人类腿部主要有两个功能：搜寻和逃跑，一是向前走搜寻食物；一是遇到危险时的逃跑，所以，人的双腿和脚能反映一个人的内心动向。而腿部又是身体上远离视线的部位，在沟通过程中，人们并不能时刻控制、伪装好自己的腿部状态。所以，通过观察对方的腿部动作，就能判断出对方是否愿意继续交谈，也能判断出对方的态度。

婴幼儿期的腿部语言

“小腿蹬一蹬，个子窜一节”，有些父母看到孩子蹬腿时会有这样的感慨，尤其是看起来强有力的蹬腿，他们觉得这是孩子有力气的表现，认为这是孩子正在旺盛地生长，在长个子。

有些老人带孩子，喜欢用包裹布、包被、抱毯等里三层外三层地将孩子裹得严严实实，甚至腿部也用布袋子扎着，怕孩子冻着，同时还帮助孩子矫正 O 形腿，认为这样对孩子比较好。每次换尿不湿或洗澡，将一层层包被脱下来时，孩子都会快速蹬双腿。抱毯会让孩子有拥抱的感觉，会有一定的安全感，但扎腿束缚了孩子的自由活动，过多的包裹不利于孩子的体温调节，影响孩子的发展，孩子也会蹬腿表示抗议。

【沟通心理解读】

婴幼儿期的蹬腿，一方面是腿部发育的过程，婴儿通过蹬腿的动作将他们在胎儿期弯曲的双腿练习伸直，同时促进臀部、膝盖、踝部以及平衡力的发育，为婴儿学坐、学站、学走奠定基础。

另一方面，蹬腿也是婴儿的身体语言之一，婴儿未掌握语言表达能力，通过蹬腿来表达。有时孩子因为开心而蹬腿，比如，孩子看到妈妈的脸，尤其是妈妈还在陪玩逗笑时，特别开心，会快速蹬双腿；有时孩子躺在床上蹬腿、伴随着哭泣，这时孩子的状态有点儿烦躁，可能不舒服了，或者想寻求关注了，需要父母或照料者及时关注，解决他们的需求，给予安抚。

【父母该怎么做】

婴儿需要蹬腿来促进双腿及踝部发育，所以，需要给足蹬腿的空间，不给孩子双腿太多的束缚。另外，婴儿的蹬腿也是情绪的表达，但一般也会伴随着面部表情或手部动作，对于孩子蹬腿动作所表达的情绪，需要结合情景加以判断。如果孩子的蹬腿伴随着笑，那么这是开心的表现，继续当前的活动，他会更开心；如果孩子的蹬腿伴随着哭喊，那么这就是烦躁的表现，需要判断孩子这会儿的需求，给予拥抱，缓解他烦躁的状态。

儿童期的腿部语言

儿童期的孩子已经掌握了基本的沟通能力，但有时他们也仍然会采用蹬腿的方式表达自己的情绪，与婴幼儿期不同的是，现在的蹬腿，表现为哭闹时坐在地上蹬腿，或者开心时的欢呼雀跃、蹦蹦跳跳。

小敏约着她的朋友小兰一起到公园玩耍，看到小兰穿着一身漂亮的公主裙，裙子上还镶有五颜六色的彩珠，蹦蹦跳跳地跑过来。小敏特别羡慕，时不时地摸一下小兰的裙子，摸摸彩珠，结果她玩泥土的脏手把小兰的裙子弄脏了，玩弄彩珠时还不小心弄掉了一个，小兰大哭不止，坐在地上直蹬腿，小敏在边上低着头，手指绕着衣角，两个脚尖向内对搓着。

听见哭声，两位妈妈跑过来，听到小兰大哭着说小敏弄坏、弄脏了她的裙子，小敏的妈妈立马大声训斥她怎么把别人的裙子弄坏了，小敏随之也大声哭起来，在训斥声中，小兰逐渐将双脚的脚尖朝向了公园的门口，之后直接跑回了家。

【沟通心理解读】

儿童的社会化能力还没有完善，他们也不太会刻意控制自己的言行，虽然在学校，老师已经教了一些行为习惯，但孩子与父母在一起，尤其是跟爷爷奶奶在一起时，会很少遵守规矩，也更倾向于根据自己的想法行动，相对较为任性。比如，坐地上或者躺地上哭闹，并伴随着蹬腿，这是他们经常采用的哭闹方式，通过这样的哭闹方式宣泄伤心、愤怒的情绪，要挟父母满足自己的需求。

有些害羞的孩子，平时与人沟通较少，交流时声音也很小，从他们的肢体动作可以看出他们的紧张，如无处安放的小手；从他们的腿部动作可以看出他们的焦虑，如向内对搓的小脚；从他们的脚尖方向可以看出他们对当前沟通对象的态度，若脚尖朝向门口，说明他很想结束当前的内容，想从这个情景中逃离出来。

【父母该怎么做】

孩子内向还是外向，任性还是听话，需要父母平时多观察，耐心地教育引导。对于内向、害羞的孩子，要多观察他的肢体语言所反映的心理状态，经常给他鼓励的眼神和拥抱，帮助他缓解紧张、建立自信，对于任性的孩子，有助于逐渐帮助他建立规则意识。

父母需要多花些耐心，与孩子用心沟通、平等沟通，引导他们认识到如何恰当地宣泄自己的情绪，知道公共场合的大哭大闹是不可取的。但父母自身也不能采用在公共场合用肢体惩罚的方式，如扇嘴巴、打屁股等，这对孩子来说，一方面会伤及他们的自尊，给他们的心理造成创伤；另一方面是给孩子提供了行为学习的榜样，孩子也会效仿父母的行为，在愤怒时采用打人的方式或打骂结合的方式，这并不利于孩子形成较好的行为习惯，甚至影响孩子的健康成长。

青春期的腿部语言

青春期的孩子与父母的言语交流较少，但父母可以从孩子的肢体语言中解读出孩子当前的状态和孩子对自己的态度。

初二某学期的一个周末，小谷带着他的同学到家里一起写作业，房间里时不时传出两人的笑声，小谷妈妈很好奇两人在房间里是不是在讨论作业，便端着水果盘走进房间，想凑过去看看他们在讨论什么，结果小谷一直背对着自己，头也不回地说了一句："水果放着，我们等会儿吃，你出去吧。"

晚上，同学回家后，小谷妈妈到房间跟小谷讨论白天小谷的行为，说他当着同学的面不尊重自己，又让他拿出写的作业，发现了错的题目，训斥他没有认真学习，小谷一开始还面向妈妈，听了一会儿，便不耐烦地扭过头去，身体晃动、双腿抖动……

【沟通心理解读】

青春期的孩子会将心思藏在心里，不与父母分享，但细心的父母可以通过多观察孩子的肢体语言，了解孩子当前的心理状态。观察他们是抬着头走路，还是低着头走路，是大声地表达，还是低声地说话，是自信的还是缺乏自信的。

孩子的肢体语言也反映了他的心理状态或态度，若孩子正在做其他事，或与其他人沟通时，父母想与他沟通，但他背对着自己，说明他这时是拒绝的态度，并不想此时沟通；与他沟通时孩子的双脚抖动或整个身体都在晃动，伴随着眼神四处张望，说明他这时的内心较为烦躁，甚至厌倦，想要离开当前的情景；若与他沟通时，他两腿叉开，说明他是对你持开放和接纳的态度的，并且愿意和你继续交流；若他腿部向后，脚尖着地，说明他这时已经缺乏耐心；当他腿部变成交叉状态时，有可能已经产生了心理防御的状态或是受到了不舒服的情绪影响。

【父母该怎么做】

孩子的肢体语言透露着他的心理状态，也表露出他对当前沟通的态度，父母需细心地从孩子的肢体语言中做出解读，及时控制沟通的进行。若孩子的肢体语言已经明显表现出不耐烦，要尽快结束当前的谈话，多说已无益，甚至还会引起孩子更多厌烦和不满。

父母也可以通过摆出开放的肢体动作，体现对孩子的接纳状态，在沟通时摆出跟孩子类似的动作，让孩子感受到亲近感，促进沟通的进行。

沟通良方

蹬腿动作，是婴幼儿较早出现的腿部动作，是成长发育的必要，也是开心或烦躁情绪的表达，父母需要根据情景做出判断，让婴幼儿开心的状态更持久，让烦躁的状态尽快消除；儿童期的孩子会用哭闹蹬腿的方式宣泄伤心、不满、愤怒，父母需要先平静自己的情绪，用理智的沟通，引导孩子用更合适的方式宣泄情绪、表达需求；青春期的孩子，需要父母更细心地与之沟通，观察他们的肢体语言透露出来的态度，如腿部朝后、脚尖着地是不想再听；腿部抖动伴随着身体晃动是烦躁、心绪不宁；脚尖朝门是想离开。根据孩子肢体语言透露出来的态度，及时转换沟通主题或终止沟通内容。

第六节　副语言：从声音听人心

声音是非言语沟通的一种形式，包括声音的音高、音量、音色、重音、语速等，这些也称作“副语言”。副语言的运用，可以让同样一句话，表达出不同的含义，帮助我们理解对方在这一情景下的状态、心理特征，理解对方真正想要表达的内容。

婴幼儿期的副语言

婴儿未形成语言能力时，主要通过哭声与父母或照料者沟通，他们的哭声也有一些副语言的差异：有时会发出的哭声似哭非哭，像小猪“哼哼”但是音调并不高的声音，也可能会越哭越厉害，声音越来越大；有时会发出比较刺耳、音调非常高、间断性的哭声，同时四肢展开，攥起小拳头；有时会发出一种比较轻，语调比较平缓的哭声，一般没有眼泪，也许还会皱着眉头，身体别扭得晃来晃去。

【沟通心理解读】

婴儿在 1 个月后，哭声出现了分化，不同原因引起的哭叫在口舌部位、音高记忆声音的断续上有了分化。像小猪“哼哼”但是音调并不高的声音；哭声比较刺耳、音调非常高的声音，等等。

婴儿 5 个月左右进入牙牙学语阶段，出现类似于成人语言中的音节重复，到 9 个月起，婴儿牙牙学语的出现频率达到高峰，不仅能重复不同音节的发音，还能发出同一音节的不同音调。研究发现，婴儿对语言的刺激非常敏感，不到 10 天的新生儿就能区别语音和其他声音，并对之做出不同反应，尤其表现出对妈妈语音的偏爱。婴儿对父母突然升高的语气会表现出害怕。

【父母该怎么做】

婴儿哭声的音调、音高、音量的差异，伴随他的动作，可以作为父母或者照料者判断他哭泣原因的差异，是生理需求，需要把屎把尿，还是寻求关注、要抱抱，还是受到了惊吓，还是身体不舒服。父母给予孩子及时的关注、拥抱、安抚，有利于孩子建立积极的依恋关系。

儿童期的副语言

小明正在很投入地玩游戏时，妈妈来催促他赶紧吃饭了，他这般回答道："来——了"，"来"的音会拖得很长，意犹未尽而又有点儿无奈、厌烦；当他正在写作业，正好也不太想写时，妈妈催促他吃饭，他会非常干脆地回答："来了！"两个一样的词，因情绪的不一样，语气、语调呈现出明显的差异。

4 岁半的冰冰，性格有点儿内向，平时说话声音比较小、很少与人主动打招呼，妈妈每次都在遇到人时，大声提醒："冰冰，快跟阿姨打个招呼啊！"冰冰每次听到妈妈的高声催促，反而更加不知所措。有一次，家里要来客人，妈妈改变策略，提前给他讲了个讲礼貌的小朋友的故事，引导他如何与人打招呼，在很远处看到阿姨时，凑在他耳朵说："冰冰，咱们要做有礼貌的小朋友。"阿姨进门时，他大声地打了个招呼"阿姨好"，周围人一起表扬他有礼貌，冰冰更有信心了。

【沟通心理解读】

儿童的情绪状态可以从他的语气、语调、语速中判断出来，开心时语音较高、说话也干脆，伤心时语速较慢、声音较低沉，害怕、不自信时，声音特别小。若在与孩子的沟通过程中，发现他语调突然升高，说明他此时有些心虚，是借提高声调掩饰内心的慌乱。

儿童有时会做出一些奇怪的事情，比如，在自己打游戏的过程中经常会发出奇怪的声音，如大声喊叫，模拟一些声音。有时孩子发出这些声音也是为了寻求关注，希望能得到父母的肯定，一个眼神的肯定和赞许，或语言的赞美，或父母在身边的不干预式陪伴，就已经足够。

【父母该怎么做】

父母可以运用心理学中的低声效应，即低声的谈话方式，比高声的谈话方式更能达到说服别人的效果。面对无理取闹的儿童，父母要学会控制好自己的情绪，与孩子平和地沟通，大吼大叫、怒斥孩子，只会让愤怒的情绪不断转移，孩子的哭闹现象不仅不会缓解，哭闹的声音反而越来越高，起不到沟通的效果。

当父母与孩子因为某些事情沟通，发现他比平时反应慢、说话吞吞吐吐时，可以判断他应该是有所隐瞒或做错了什么。

青春期的副语言

小美放学回家，放下书包，妈妈问："今天成绩出来了吧？考得怎么样？"小美低着头一声叹息"哎——"，妈妈发觉小美的情绪不太高，也就没有继续追问。晚上吃饭时，不知情的爸爸问小美："小美，这次考得怎么样？"结果小美却突然把筷子一放，大声吼道："老是问，老是问，你们烦不烦啊！"

【沟通心理解读】

青春期的孩子处于敏感期，在人际交往、学习等多方面都会感受到压力。孩子放学回家后，容易将学校的情绪、压力带回家里，若父母此时还在他面前唠叨，或做了让他厌烦的事，孩子说话的语音、语调都会突然升高，甚至变成对父母的怒吼。如果孩子经常熬夜学习，睡眠不足、精力跟不上，会出现有气无力、心烦气躁的状态，加上体内激素的影响，有时会难以控制自己的情绪，大吼大叫。

孩子有时会叹息，感到压抑、失望或无奈时，会通过叹气的方式释放压力，多数时候，情绪状态也不好；但有时，当他完成了当天的任务，或解出一道难题时，也会长舒一口气，有种如释重负的感觉。

【父母该怎么做】

孩子在青春期容易嫌父母唠叨，与父母的沟通会变少，沟通时也经常语气中透露着不耐烦，甚至对父母大吼大叫，父母首先需要从孩子的语气、语音、语调中判断孩子当前的状态，判断孩子是疲乏、压抑、失落的还是开心、兴奋的。

当孩子的状态较为低落时，多以陪伴、眼神的鼓励、拥抱等形式，表达支持、鼓励和关爱；而当孩子的状态较为兴奋，语调中还透露着欣喜时，可以用朋友的口吻，多沟通几句，通过言语的鼓励、骄傲的语气、上升的音调，让他感受到父母的鼓励和关爱。

沟通良方

沟通中的副语言：语音、语调、语速、语气等，传递着表达者的状态、情绪，父母需要从孩子的副语言中，解读孩子的状态、了解孩子的需求、感知孩子的压力，给予孩子积极的关注、鼓励、支持，同时父母需要控制好自己的副语言，调节好情绪再沟通，给予孩子积极、正面的引导。

第七节　倾听：无条件积极关注

倾听是最普遍也是最容易被忽视的一种沟通形式。“两个耳朵，一张嘴”的身体构造，也是提醒我们在沟通中更多的倾听，而不是一味地表达。倾听包含了 5 个元素：听到、专注、理解、回应和记忆。倾听需要一个人全身心地、无条件地积极关注，从而感知对方在沟通过程中表达出的言语和非言语信息，给予理解、共情、及时的回应，并能够记得沟通的内容。

婴幼儿期的倾听

通过倾听父母和其他人的说话，婴儿很快会发现语言的重要性。1 个月时，他就可以听出妈妈的声音，即使你在隔壁房间说话，他也会感到安心、舒服、愉悦。当他用笑容和叽叽咕咕的声音回应时，看到你脸上绽放的笑容，他会意识到沟通是一个双向交流的过程。

到 4 个月时，婴儿可以从你说话的方式中了解你的心情和性格。如果你用快乐或温柔的方式跟他说话，他可能对你笑或发出一些咿咿呀呀的声音，如果你对他发脾气或咆哮，他会感到惊慌，甚至撇嘴大哭起来。

【沟通心理解读】

孩子在婴幼儿期时，尚未掌握言语沟通的技巧，但已经会通过哭来表达需求，通过笑给予照料者反馈，通过蹬腿表达开心或烦躁的情绪，通过求抱抱的动作表达想要照料者的拥抱关爱。这些非言语的信息，都是孩子的沟通语言，父母或照料者若能解读出孩子的非言语信息表达的内容，也是积极的倾听、沟通的过程。

与婴儿的言语交流的互动看起来只是一个游戏，但这种早期的交流对婴儿的社交和情感发育具有非常重要的作用。热情迅速地对他的笑容做出反应，经常让他参与这些“对话”，会让他感受到：他在父母的心里很重要，他可以信任父母，可以在一定程度上控制自己的生活。

【父母该怎么做】

与婴儿的沟通过程中，父母的倾听是无条件的积极关注。将注意力完全放到对方身上，倾听婴儿的非言语信息，从他的哭、他的笑、他的蹬腿、求抱抱等非言语信息中解读婴儿的需求，给予关爱、积极的反馈，这样的反馈过程是积极的倾听，也是爱的表达。

父母在婴儿“说话”时，仔细分辨他的暗示，不要打断，不要移开视线，对他的关注和尊重，有利于婴儿自尊心的建立。对婴儿的表达，父母需要给予持续的关注、语言的反馈，让他感受到发音带来的关注，有利于婴儿语言的习得和沟通能力的掌握。

儿童期的倾听

美国某主持人曾经采访过一个孩子，问他：“你长大后想当什么啊？”孩子说：“嗯……我想当一名飞机的驾驶员。”主持人接着问：“如果有一天，你的飞机飞到太平洋上空时，所有的引擎都熄灭了，你会怎么办呢？”

孩子想了想，大声地说：“我会告诉飞机上的乘客系好安全带，然后，我背上降落伞跳出去……”

还没等孩子说完，现场观众都已经笑得东倒西歪，面对大人们的哄笑，孩子的眼泪夺眶而出，一脸茫然和无辜。主持人鼓励孩子继续说下去。

孩子坚定地说：“我要回去拿燃料！然后回来救他们！”

父母与孩子沟通时，经常忽视倾听的过程，自以为是地打断孩子的表达，从而经常发生误会，孩子也觉得父母不理解自己。

【沟通心理解读】

父母在倾听孩子的过程中，经常出现上述案例中的情况，因为思维的差异，父母会武断地做出判断，并打断孩子的表达，常常让孩子感受到不被理解的冤屈。在沟通中，父母经常是带着情绪的，以质疑、批评、说教为主，不能很好地倾听孩子，难以理解孩子当前的状态。父母的积极关注、认真的倾听能让孩子感受到被关注，这有利于亲子沟通和信任关系的建立。

儿童虽然已经掌握了基本的语言沟通能力，但儿童的倾听与他们的注意力维持时间、记忆力有很大的相关。因为不能长时间地维持注意力，或记忆力的有限，出现“左耳进、右耳出”的现象，而被质疑不用心听是不可取的。孩子的倾听能力，也需要父母的理解、引导、示范和训练。

【父母该怎么做】

在沟通时，父母蹲下来或一起坐下来，和孩子在同一高度、面对面，以平等的状态沟通，更能达到倾听的效果。若父母的情绪比较激动，在与孩子沟通前，先做几个深呼吸、调整好自己的状态，能确保做好一个平和的倾听者、沟通者时再与孩子沟通。孩子的情绪比较激动时，及时给予拥抱和安抚，体察孩子的情绪，及时稳定好孩子的情绪后，再进行沟通。

在沟通中，目光柔和专注地看着孩子，并适时地给出回应，如用点头和“嗯”，来表示正在专心倾听的状态及在耐心听孩子把话说完。无论孩子说得多幼稚，都不用嘲笑的口吻打断孩子的表达。父母要站在孩子的角度，理解他表达的内容和状态，与他建立共情，给予积极的反馈，鼓励孩子表达。

青春期的倾听

雯雯自从上了初中后，与父母的话越来越少。有一次，雯雯对妈妈说：“妈妈，同学们学习都好认真啊！”妈妈点头说：“是的，压力有点儿大吧。”雯雯抬起头看着妈妈的眼睛，点了点头，感受到妈妈对自己的理解。同样的一句话，爸爸立马开启了说教：“现在是学习的关键期，大家都很拼，你也不能松懈！”雯雯没有任何回应。

周末雯雯作业写完，妈妈说：“雯雯，平时学习已经很累了，今天休息休息，下午陪妈妈打会儿羽毛球吧。”雯雯开心地答应了，在和妈妈运动的间隙，雯雯讲述了很多自己在学校的经历，妈妈耐心地倾听，及时地反馈，都能让她感觉到妈妈特别理解自己，平时与妈妈的沟通也越来越多了。

【沟通心理解读】

雯雯妈妈的倾听，是无条件积极关注的倾听，带着共情的倾听。理解孩子的语言，同时能体会孩子言语中传达的状态，更容易走进孩子的内心。

青春期的孩子追求个体的独立，需要自我空间，但又因为他们是不成熟的个体，需要父母的陪伴和倾听，需要父母的关爱、理解和尊重。若父母能抽出时间给予孩子积极的关注和倾听，即便只是一言不发，只要是用心地在倾听，孩子都能感受到那份尊重和信任。若父母在倾听时心不在焉，没有深刻的理解，急切地表现得很敷衍，只会让孩子失望、失落，不想再与他们继续沟通。

【父母该怎么做】

父母可以营造一些与孩子轻松的独处时间，如一起跑步、爬山、打球。在轻松的氛围中，与孩子平等地沟通，谈论孩子感兴趣的话题，尊重孩子的想法，给予积极的关注和反馈，从而拉近亲子距离。

在倾听孩子表达时保持无条件积极关注，多给孩子一些尊重和信任，把孩子当作成人，平等地沟通，尽量不要摆出权威者的姿态，急切地想着给出建议；充分体察孩子在沟通时的状态和感觉，关怀、理解、接受孩子，鼓励并引导他自己找出解决问题的途径。

沟通良方

倾听是沟通的一门艺术，不只是用耳朵听，正如汉字“聽”所表达的，倾听是带动我们的眼睛、耳朵，带着我们的心，一心一意地用心聆听。要认真倾听对方的非言语信息和言语信息所表达的内容，充分理解、建立共情。

与孩子的沟通，父母的倾听尤为重要。倾听中，要放下自己“权威者”“说教者”的身份，调节好自己的情绪，做一个无条件积极关注的“倾听者”。对于婴幼儿期的孩子，父母更多地关注孩子的非言语信息，积极关注和反馈，及时满足孩子的需求，便是倾听；对于儿童期的孩子，父母积极关注，完整的倾听，及时地给予点头和言语的认可反馈，鼓励孩子表达，理解孩子的情绪，便是有效的倾听，更好的沟通；对于青春期的孩子，父母认同他的独立人格，给予支持，多听少说，理解他的状态，建立共情，对于孩子的困惑，父母根据他的状态，在理解的基础上，给予朋友式的引导，便是有效的倾听。

第二章
家庭中的沟通：父母是孩子的榜样

第一节　忽视：先为夫妻而后为父母

夫妻关系是家庭中的第一关系，而很多家庭有了孩子之后，母子关系、父子关系成了第一、第二的关系，甚至婆媳关系都排在了父子关系之前的位置，夫妻关系被排在了最后，夫妻之间的沟通逐渐变得最少。

婴幼儿期的忽视

自从家里的孩子出生，孩子就成了家庭的中心，尤其是新手夫妻，疲于如何照顾孩子——产假中的妈妈一天24小时陪伴着孩子，而没有产假的爸爸正常工作上班；有时甚至还加班晚回家。很多家庭此时会请帮手，一般情况下奶奶或外婆成了协同照料者。

【沟通心理解读】

孩子的降生，家里几乎所有的焦点都在孩子身上。而刚生完孩子的妈妈，一方面承受着生育孩子带来的身体的痛苦；另一方面有着初为人母的焦虑，担心是否能养育好孩子，尤其当孩子哭闹较多时，焦虑感不断升级。但妈妈的状态却经常是被忽略的，不管多痛苦，周围人的反馈大多都是“别太矫情，哪个女人不经历这个过程”，痛苦被忽视，焦虑不被理解，经常被问责，甚至有的妈妈发展成“产后抑郁”，仍然不被关爱。

一个焦虑的、无力的、缺乏独立意识和思维能力的妈妈给孩子带来的是巨大的不安全感，甚至会影响孩子一生。焦虑、抑郁的妈妈会对养育孩子产生绝望感，有时也将这种负面情绪怪罪在孩子身上，甚至出现极端情况，使孩子成了受害者。

爸爸的角色作用是，当他参与孩子的养育过程中时，能够让孩子具有更好的性别意识，有更好的社会责任意识，同时更加勇敢和具有冒险精神。

孩子处于婴幼儿期时，孩子对家中的氛围很敏感，照料者间的沟通会影响孩子最初对沟通的理解：没有言语沟通的环境，不利于孩子了解什么是言语沟通；而争执的环境，孩子也能感受到紧张感，更易哭闹，不利于其身心健康成长。

【父母该怎么做】

养育孩子是夫妻共同的责任，夫妻，先为夫妻，而后为父母。夫妻间的沟通是家庭中最首要的沟通，妻子的角色、妈妈的角色，都需要被关爱和理解；丈夫的角色、爸爸的角色，都需要得到重视和陪伴。夫妻相互理解、关爱、体贴、陪伴，营造出温暖、和谐的家庭氛围，是孩子健康成长的关键。

儿童期的忽视

家中的孩子上了学，父母基本都恢复了正常的上班。一种情况是，父母上班地方离家较远，孩子被放在了老家由老人照顾，周末再回去看看，有些月末甚至到长假才回家，父母角色被忽视，孩子的关爱缺失，成了“留守儿童”。

另一种情况是，家中的“帮手”归位，家中只有父母和孩子，父母上班、孩子上学，经过了一天辛劳的父母，回到家之后经常处于疲乏的状态，还有一堆家务，没有过多的精力、较好的状态陪伴孩子。父母经常为了家务、教育孩子起争执。妈妈经常抱怨爸爸在家时看手机、玩游戏、看电视，甚至干脆将爸爸推到一边，什么都不用他管。在孩子面前，爸爸的威信缺失了，角色的缺失了。有经济基础的家庭，父母会请保姆解决家务问题，但孩子的教育，仍然是夫妻争执的焦点，爸爸的角色被忽视，妈妈的抱怨，对孩子的心理也会造成负面的影响。

【沟通心理解读】

“留守儿童”由于缺乏父母的关爱，缺乏倾诉、依恋的对象，经常处于孤独、自卑的状态中。他们缺乏安全感，渴望爱而又得不到爱，长期处于焦虑、紧张甚至自我封闭的状态中，人际沟通能力相对较弱，容易逆反，对周围人容易产生戒备、敌对的心理，与父母的关系淡漠，甚至会产生怨恨、偏激的想法。

父母的角色是孩子教育中不可缺失的，从妈妈的角色中，孩子感受到事无巨细的体贴、关爱、理解、包容，是亲密感形成的关键，而从爸爸的角色中，孩子学到了坚强、刚毅，掌握了力量、规则。任何一方的缺失或忽视，都会让孩子产生不安全感，甚至为了讨好某一方表现出矛盾的心理和行为。与父母的沟通、与父母的关系，甚至日后孩子自己的亲密关系，也受到父母相互之间沟通方式、相处模式的影响。

【父母该怎么做】

父母是孩子最首要的依恋对象，若父母因经济原因、工作原因实在不能待在孩子身边，关爱也不能缺失，物质的补偿无法弥补精神的关爱。父母可以经常与孩子通电话、视频聊天，拉近与孩子之间的心理距离，及时协助解决孩子遇到的问题，这样即便不能长时间陪在身边，孩子也能感受到父母的爱。

夫妻之间需要尽量达成教育的共识，在孩子面前树立双方的威信。父爱和母爱缺一不可，孩子能感受到父母之间的爱，这是孩子认知亲密关系、与父母建立良性沟通和互动的关键。

青春期的忽视

青春期的孩子经常表现出不愿与父母沟通的状态，于是很多父母便干脆让孩子自己待在家里，既然相看两生厌，不如不相见。他们忽视了父母应该发挥的陪伴作用，父母与孩子之间的关系也就变得越来越僵。

孩子处于青春期时，多数父母也正处于更年期，更年期的父母身体激素发生变化，情绪波动较大，容易忽视对对方的理解、关爱，父母之间的沟通也经常以争执、冷战的方式出现，家中的氛围较为紧张。因此，孩子不愿意加入父母双方的争战中，往往就会出现不愿回家、不愿与父母沟通的状态。

【沟通心理解读】

青春期的孩子内心很敏感，比较叛逆，不愿与父母有太多沟通，但从内心里，他们又是不成熟的孩子，渴望父母的理解、关爱、陪伴。行为与心理的矛盾也是这个年龄阶段孩子的独有特点。而若因为孩子的拒绝就忽视对孩子的陪伴，那样孩子的内心就会越发孤独、叛逆。

有青春期的孩子的家庭氛围容易紧张，若父母忽视了温馨氛围的营造，孩子也会变得更加敏感、孤立、易冲动。父母之间的关系影响着孩子对亲密关系的认同，父母的争执也影响孩子的心理状态，他们容易将父母的矛盾归咎为自己的原因，认为自己做出某些改变就会改变父母的关系，但尝试无果、自我疏解不了时甚至还会出现自伤、自残、极端行为，对身心健康产生严重的伤害。

【父母该怎么做】

父母需要理解青春期孩子的独有心理特点，给予更多的关爱、理解、陪伴。而不是将自己推开，干脆忽视了对孩子的教育、陪伴、引导。青春期也是一些价值观念形成的关键期，需要父母在有意、无意的情景中，给予孩子适当的引导。

父母的关系是孩子对亲密关系、对婚姻、对家庭的最初理解，父母需要重视双方的关系对孩子造成的影响，尽量不在孩子面前起争执或冲突，发生争执时也不在孩子面前抱怨，或做出一些试图将孩子拉向自己的言行。夫妻的矛盾是夫妻自身的，与孩子无关。

沟通良方

父母与孩子是渐行渐远的别离，而夫妻间的陪伴却是最长久的，有了孩子，更不能忽视了夫妻关系。“爸爸所能给孩子最好的礼物就是爱妈妈。”在良好的夫妻关系，温馨的家庭氛围里长大的孩子，也是幸福的、自信的、独立的、乐观的。

在孩子的每个成长阶段，父母都应该营造良好的家庭氛围。因为父母之间的爱和父母的相处模式对孩子的安全感、身份的认同感、对亲密关系的建立，甚至以后的婚姻观、家庭观都有影响。

父母要避免对任何一方的忽视，要充分发挥爸爸、妈妈的角色，让孩子的爱不缺位、不缺失。

第二节　我爱你：爱意的表达与传递

爱是什么？是包容、尊重、信任、理解、责任、关心，是无条件的付出和彼此的奉献。在生活中，爱无处不在。从恋爱到结婚到生子，爱情给生活带来了巨大变化，人们的角色也为之改变，从为人子女，到为人父母，如果我们在爱意中成长，我们也会将这份爱意传递。但爱要如何表达，却成为困扰很多人的沟通主题。

生活中，严肃的爸爸常常羞于表达爱，家庭中几乎没有“我爱你”的表达，虽然从一些具体的举动中能传达出爱意，但爱的表达离不开语言。

婴幼儿期爱的表达

有些父母在家中羞于表达情感，谈恋爱时能自然地表达“我爱你”，但结婚成家后，这样的表达却越来越少，夫妻之间多忙于柴、米、油、盐、酱、醋、茶，反而没有了更多情感的交流。当孩子降生后，家中的焦点就成了孩子，夫妻之间爱的交流就变得更少了。

羞于表达的父母，对孩子的爱也羞于用言语表达，认为亲亲、抱抱、满足生理需求就是自己爱孩子的表现。甚至有时妈妈给孩子读绘本，孩子从绘本中学到了“我爱妈妈”而后表达给妈妈时，妈妈的反馈只是“嗯，嗯”，或重复“我爱妈妈”，却不能反馈给孩子“妈妈也爱宝宝”，即希望得到孩子爱妈妈的表达，却很少给予“宝贝，我爱你”的表达。

【沟通心理解读】

婴儿刚出生后，对于不同于子宫内的新环境表现出较大的不适应，此时，妈妈是他最熟悉的依靠，妈妈是他的全部，他从妈妈温柔的声音、温暖的亲亲抱抱、及时的需求满足中，能感受到妈妈的爱。同时，对于爸爸、其他照料者的爱意，孩子的反应会稍微滞后，但通过一段时间的需求满足、抱抱、亲亲等互动中，孩子也能体会到爱意。

孩子对于爱的感知、理解、表达，一方面通过他自己的体会来实现；另一方面通过观察周围人的互动、通过父母爱的表达、通过绘本阅读来实现。孩子会因此而理解了什么是爱，如何表达爱。

【父母该怎么做】

父母可以通过亲子陪伴，如亲子游戏、亲子阅读的方式，让孩子从基本的生活需求以外感受到父母的爱，并通过绘本故事理解爱是什么，如何表达爱。

父母在孩子处于婴幼儿时，就应该给孩子灌输“父母给孩子的爱是无条件的”这一思想，因为在孩子眼里，父母是他们的全世界，他们对父母的爱是无条件的，一以贯之的。但父母却常常表达成“你不好好吃饭，我就不喜欢你了”“你不听话，妈妈不爱你了”等。这些都是将爱当作了有条件的威胁，并不利于孩子对于爱的理解。

儿童期爱的表达

“爱我你就亲亲我，爱我你就抱抱我，爱我你就夸夸我……”耳熟能详的儿歌，每当孩子学会时，总会在父母面前反复唱，而当父母能跟随他的儿歌，给他亲亲抱抱时，孩子就会特别满足、开心地跑去玩。

孩子很希望从父母那里得到爱自己的证明，尤其当父母吝啬于表达爱时，孩子会产生“父母是不是不爱我”的怀疑。如果家里还有其他的兄弟姐妹，父母的关注相对分散，或父母经常发生争吵，或父母经常训斥孩子时，孩子对于父母是否爱自己的困扰会非常深刻，甚至有时还会通过一些反常举动试图吸引父母关注，印证父母是否是在意自己的、是爱自己的。

【沟通心理解读】

亲亲、抱抱、夸夸，是孩子对父母爱自己的最简单的理解，但父母因为忙碌，或羞于表达，或观念里认为孩子应该严肃管教，很少做出这些表达爱意的举动。父母认为给你做好吃的饭菜，就是爱你；给你买好看的衣服、鞋子，就是爱你；给你买玩具，就是爱你；给你报辅导班，就是爱你。但作为儿童，他们还不会理解这背后所表达的爱的深层含义。

在儿童的观念里，除了亲亲、抱抱、夸夸，父母的关注、父母的眼神鼓励、父母的“摸摸头”、父母抚摸抚摸背，这些是父母爱自己的证明。有些孩子为了验证父母是否爱自己，会做出一些调皮的、明知是错误的举动，以获得父母的关注，甚至认为这时父母的批评、打骂都是关爱自己，形成了畸形的对爱的理解，这让孩子以后对爱、对亲密关系的理解都会形成负面的影响。

【父母该怎么做】

爱孩子就要及时的表达，别让孩子自己去求证父母的爱。父母平时给孩子多一些陪伴，多通过一些肯定的言语、眼神、爱抚，表达对孩子的爱意，让孩子知道父母是爱自己的。

避免孩子自己做出一些刻意寻求关注的举动，当孩子做出一些错误的、寻求关注的举动时，要及时地告知孩子此类行为的错误。若意识到孩子做这类事情的目的是寻求父母的关注，那么在他做此类事情时，可以通过忽视的方式，让他意识到此类行为并不能引起父母的关注；而在他不做出此类举动时，及时给予表扬、赞赏，从而让孩子意识到错误的举动并不能引起父母关注，做对了才会得到父母的鼓励和赞赏。

青春期爱的表达

《少年说》的某一期，一位 14 岁的女孩在天台上对妈妈喊话：

“妈妈，你是不是没有那么爱我了？你工作很忙，每天都很少跟我说话，就算在家，每天也有很多电话要接……

我不知道为什么你有那么多时间跟别人说话……我有一次给你打电话，一直忙音，好不容易接通了，你却用特别冷漠的语气问我有什么事情。”

听着孩子的哭诉，妈妈许诺会一周花两次时间好好陪伴孩子，跟她好好说话。

【沟通心理解读】

青春期的孩子，也渴求父母的陪伴和理解，希望父母能享受与他们在一起的时光，相信他们，并把他们看得很重要。但很多父母眼里只有工作、客户，他们将最好的态度、最好的语气、最好的耐心留给了客户，却忽视了对孩子的爱。孩子需要的爱是陪伴，是坐下来与自己好好沟通，是眼神的肯定，是拍拍肩的鼓励，是失败时的鼓舞，是分享成功时的喜悦。若沟通时父母能对自己分享的信息做出温暖、积极的回应，孩子会觉得自己分享的信息被接受了，并愿意敞开心扉。

青春期的孩子对“爱”的理解，也是从家庭中，从父母身上习得的，父母营造有爱的家庭氛围、给孩子树立很好的互相关爱的榜样，孩子也会更自信、更有安全感。在涉及亲密关系时，孩子不会自卑、觉得自己不值得被爱。看到父母爱意的表达，孩子也会学习或主动沟通，而不至于盲目尝试。

【父母该怎么做】

父母对孩子渴求陪伴的状态，需要给予积极的反馈，而不是忽视，要每周都有固定的时间用心陪伴孩子，利用一些轻松的亲子活动，与孩子进行平等的、轻松的沟通，让他意识到“不管父母工作多忙，自己都是父母最爱的宝贝”。

对青春期的孩子表达爱，更多的是通过非言语的形式，而适用于儿童的“摸头”“抱抱”，对他们已经不适用，甚至可能引起反感，可以用将他们当作成人的方式来表达爱，父子间“勾肩搭背”，母女间“挽胳膊”都是表达爱意的形式。

沟通良方

在孩子成长的每个年龄阶段，父母都要在家中营造爱的氛围，协调好自己的工作时间和陪伴家人的时间，给孩子传达“父母对孩子的爱是无条件的”的信息，引导孩子理解爱是什么，如何表达爱。对他们进行及时的肯定、眼神鼓励和爱抚，铭记他们纪念日、生日、升学、获奖等特殊纪念意义的日子，适时地给孩子准备礼物，这些都能让孩子有充分的被爱的感受。

第三节　冷漠：冷暴力也是一种伤害

冷漠，表现为情感上的冷淡、轻视、放任、疏远和漠不关心，致使他人在精神上和心理上受到伤害。这是一种精神暴力，对人的伤害不亚于身体暴力。长期遭受精神暴力，使人容易出现情绪表达障碍和性格扭曲。家庭冷暴力的极限会使很多受伤害的人产生报复心理。

婴幼儿期的冷漠

孩子的爸爸每天回到家就抱着手机，沉迷于游戏中，自动隔离周围的环境，对妻子、孩子都不闻不问。而孩子的妈妈每每想要去沟通一些话题时，都被三两句话打发，之后继续是无言的对待，孩子的爸爸继续沉浸在自己的世界里。

婴儿哭闹时，父母让他自己独自哭闹，不给予任何反馈，这是父母对孩子的冷漠，也是一种冷暴力。婴儿的需求不能得到满足，寻求关注不能得到实现，会让婴儿产生强烈的无助感，使他们难以建立安全感，无法形成安全依恋。

【沟通心理解读】

婴幼儿期是孩子形成安全感、形成安全依恋的关键期，在这一阶段，孩子的沟通方式主要是哭闹、求抱抱等非言语的形式，父母若此时都采用冷漠、忽视的方式，孩子与父母的依恋关系难以建立，也会形成强烈的无助感、不安全感，对孩子人格的形成有很大的影响。

家庭中的冷战，父母的冷漠处理，必然会产生一些负面情绪，本该正常沟通的语言环境、轻松的氛围，变成具有攻击意味的沉默。孩子会感知到这样紧张的氛围并因此产生不适感，这也不利于孩子沟通行为的习得。

【父母该怎么做】

再好的感情，也经不起一次次的冷漠对待，夫妻双方出现问题时，要先平静下来，看书、听音乐转移一下注意力，处理好自己的情绪后双方再做沟通，并尽量采取积极的沟通方式，主动道歉，短信、邮件等都可以。先避免谈及敏感话题，逐步沟通，尽早打破冷战的僵局。

在解决问题后，双方处于较好状态时，达成对出现矛盾时如何沟通的共识，避免以后再出现用冷漠、沉默、忽视等冷暴力的方式处理矛盾冲突，为孩子营造一个轻松的、积极的沟通氛围。

儿童期的冷漠

父母对孩子的冷漠是一种精神上的惩罚，孩子虽然在家里，但却感受不到父母的关爱。父母忙于自己的应酬，对孩子不闻不问；或因为工作，将孩子独自放在家里；有些父母纠缠于夫妻之间的关系、婆媳关系等，无暇顾及孩子，这都会对孩子产生一定程度的伤害。

父母的冷战有时也会波及孩子，对孩子故意表现出不去关注的状态。孩子满心欢喜地拿着满意的成绩单给父母看，都被无视地推开；孩子做出一个精美的手工作品送给父母，被训斥一句“做这有什么用，学习去”；孩子帮妈妈做了家务，等待父母的表扬，父母却没有任何反馈……

【沟通心理解读】

父母的关注和肯定，是对孩子成长最大的助力。而父母对孩子的冷漠，就是一种精神上的摧残，会让孩子缺乏自信、自我否定、质疑自我价值，为寻求父母的关注，孩子会变得异常敏感。

父母持续的冷战也会影响孩子的心理健康，有的孩子会因为经常成为冷战的“牺牲品”，变得对周围的环境非常敏感，对家里的氛围异常警觉。长期下去，孩子会变得过于敏感、不自信或刻意讨好他人；也有的孩子学会了父母的冷暴力方式，变得很冷漠，没有一般孩子的喜、怒、哀、乐，对他人也是漠不关心……

【父母该怎么做】

孩子需要父母的关注、肯定、鼓励，对孩子投来的寻求关注和认可的目光，及时给予眼神反馈，及时赞许、鼓励；对孩子需要父母出席的活动，尽量抽出时间陪伴参加；对孩子出色的表现，及时认可、赞赏。

当孩子犯错时，父母应与孩子及时沟通，及时纠正错误的行为，而不是采用跟孩子置气的方式，对孩子不理不睬，甚至采用将孩子独自关禁闭的方式，这些都会对孩子造成心理创伤。合理的惩罚是教育中不可或缺的方式，但冷漠、冷暴力绝不该是实施给孩子的惩罚。

青春期的冷漠

“我们每天几乎都不说话，我有时想和他做一些沟通，可是他却一副冷冰冰的样子，我的话根本就说不出来。如果再这样下去，我的精神真的要崩溃了。”妈妈在孩子面前抱怨道。

“爸妈一吵架就冷暴力，我在家里非常难受，左右不是。现在导致我也有这种倾向，虽然我知道自己非常讨厌冷暴力，每次都希望他们能坐下来好好沟通，但自己无形中也被影响了，有时自己跟同伴相处时，感觉自己也有实施冷暴力的倾向。好痛苦。”一位青春期的孩子对咨询师说。

【沟通心理解读】

夫妻之间的家庭冷暴力对孩子会产生很大的影响。一方面，这种紧张的氛围，会让父母选择将孩子作为情绪的宣泄口；孩子成了情绪的垃圾桶，承受着来自父母的压力，但他们又没有解决父母矛盾的能力，甚至也没有自愈的能力，只能自责、被伤害。

另一方面，在这种环境里生活的孩子，也会习得冷暴力的处理方式，轻者会性情忧郁，变得懦弱或残暴，重者可能会产生自残、自杀倾向。而父母对青春期孩子的冷漠对待，是更严重的自我意识的摧残。

【父母该怎么做】

在家庭中尽量避免冷战的处理方式，夫妻之间的问题应积极沟通，避免将孩子拉入冷暴力的旋涡。要对孩子积极关注，对青春期的孩子表现出的独立人格给予积极的肯定，不忽视他的任何成长需求。对孩子提出的质疑认真对待，不用冷漠的方式对待孩子。

沟通良方

冷暴力经常会让人抓狂，因为它是一种被动型的攻击形式，是采用沉默、忽视、冷漠的方式惩罚、控制对方。

对家人、对孩子，都要尽量避免采用冷漠、冷暴力的沟通方式，不忽视孩子成长的任何环节，陪伴孩子的成长。对婴儿期的孩子表现出的需求积极关注、及时满足；对儿童期的孩子寻求寻求关注、积极表现的成绩及时认可、鼓励；对青春期的孩子，及时地关注成长的独立表现，给予成人式的关注、鼓励。

第四节　家庭暴力：无法挽回的创伤

家庭暴力是一个全球性的问题。与直接遭受家庭暴力的孩子相比，作为家庭暴力目击者的孩子遭受的伤害更隐蔽，隐蔽的伤痛主要在精神上、心理上。

联合国发布的《2013 暴力侵害儿童全球调查报告》表明，全球每年有 1.33 亿～ 2.75 亿的儿童，目睹发生在其父母之间的某些形式的暴力行为。而在我国，根据全国妇联 2015 年的调查，2.7 亿个家庭中约有 30% 存在家庭暴力。按每个家庭平均一个孩子计算，中国约有 9000 万孩子生活在存在暴力的家庭中。

婴幼儿期的家庭暴力

孩子降生后，家里多了很多新的主题，生活中多了一些可能产生摩擦的琐事，夫妻间对此处理不当，发生争吵很常见，但情绪控制不当，甚至出现情绪过激而动手打人的情况，就涉及家庭暴力的问题了。

【沟通心理解读】

家庭暴力是家庭成员负面情绪过多、攻击性情绪增长，出于释放能量的一种需要而产生的暴力行为。家庭暴力发生时，90%的孩子就在同一个房间或隔壁房间，他们被称为“目睹家庭暴力儿童”。

研究发现，儿童期曾看到或听到父母家庭暴力发生的个体，其成年后实施暴力行为的概率是对照组的3倍。长期暴露在家庭暴力环境中的儿童会产生“暴力是解决家庭问题的合理方式”的错误认知，因为他们并未从家庭中学习到解决冲突的其他方法。

【父母该怎么做】

提高调节情绪的能力，不将坏情绪带回家，在工作中遇到的问题、生活中经受的压力而产生的压抑的状态，及时进行自我排解。对于原生家庭对自己产生的影响，能有所觉知，并尽量避免。找出适合自己的心理调节方式，如有必要，及时找心理咨询师求助，不将坏情绪影响到家人。

儿童期的家庭暴力

孩子是家中最弱势的群体，有些父母在外面受了气，不能控制、调节好情绪，回家后将情绪发泄在孩子身上。一旦孩子的分数没有达到预期或孩子有表现不好的地方，就体罚孩子。

【沟通心理解读】

生活在家庭暴力环境中的孩子，有着强烈的自卑心理，内心非常敏感。他们时刻担心父母是不是情绪不好，谨慎地观察父母。父母情绪好时，跟孩子很亲昵，但父母有时情绪是突然变化的，孩子也把握不到原因，便会自责是不是自己哪里做错了，想寻求关爱又恐惧父母突然变脸，因而内心矛盾、缺乏安全感。

父母打骂孩子后并不会认错，反而会让孩子认错，孩子的心里很排斥，却又不得不认错；孩子对父母也会产生恐惧心理，自尊心被一点点磨灭，与父母的关系也越来越远，导致自卑、懦弱。被家庭暴力影响的孩子，也会习得父母的行为，形成孤僻、暴戾的性格。

【父母该怎么做】

和睦的家庭氛围，是孩子健康成长的重要支撑。父母的关爱是孩子身心健康成长的关键。对儿童的体罚会对孩子身心造成严重的摧残。父母应及时控制好情绪、控制好自己即将施暴的行为，平息好情绪再沟通。

父母应时刻记得自己是孩子的榜样，应做好言传身教。父母的行为方式、情绪的控制、处理问题的方式都是孩子的榜样，孩子都在学习、模仿。

青春期的家庭暴力

“与男生说话、接触，就会让我觉得恐惧，总觉得他们身上都有暴力因子，随时都有可能打我。我要跟他们保持距离。”“只要看到争吵的混乱场面，我就害怕。”一位经常目睹妈妈被爸爸家庭暴力的女生对咨询师这么说。

【沟通心理解读】

见证了家庭暴力的孩子，对亲密关系会存在恐惧。目睹父母的暴力行为，孩子会将暴力合理化，认为自己或他人的暴力，都是正常的情绪发泄方式。

有研究显示，从小目睹妈妈遭受家庭暴力的女性，长大后成为家庭暴力受害者的概率，是一般女性的 4.3 倍；曾经目睹家庭暴力的男性，长大后对伴侣施暴的概率，则是一般男性的 5.27 倍。

【父母该怎么做】

青春期的孩子，情绪容易暴躁，容易出现暴力行为，作为父母，需要避免在家中出现暴力行为，对于孩子出现的不当的情绪宣泄行为，尤其是暴力行为，需要及时引导，不能以暴制暴，强化暴力行为。

家庭中夫妻之间的矛盾，尽量平和地解决，营造温馨、和谐、有爱的氛围，给孩子建立良好的亲密关系的典范。

沟通良方

对孩子的体罚和夫妻之间的家庭暴力，都是在家庭中必须杜绝的现象。

家，是孩子成长的港湾；父母，是孩子的第一任老师，也是孩子终身学习的榜样。作为父母，要时刻记得这份角色带来的责任，营造温馨、有爱、和谐、平等的家庭氛围。

父母要学着控制自己的情绪，能够及时地排解压力、调节情绪，不将压力和负面情绪带回家，避免将原生家庭带给自己的创伤再赋予孩子。夫妻之间有问题时，在平静的状态下，平和地沟通，避免暴力处理。双方沟通解决不了的问题，应寻求专业帮助，不让孩子成为目睹暴力、经受暴力的受害者。

第三章
生活中的沟通：规则的建立和社会角色的认知

第一节　害羞：躲在妈妈身后的孩子

调查显示，大约 1/5 的孩子都有害羞的心理，成年后也不能完全摆脱。如果在孩子成长的关键时期，没有及时改变害羞的状态，孩子长大之后，很有可能会变成一个敏感、害羞的成人。

婴幼儿期的害羞

小海是一个长得很可爱的男孩，但妈妈带他去玩时，他一直躲在妈妈身后，周围人与他打招呼时，他也会回避眼神交流，跟他说话也一直低着头，或专注地玩着自己手里的小汽车。有一次，比较热情的邻居阿姨跟他亲近，伸手要抱他时，他却扭头跑开了。家里有亲戚到访，小海也躲着不见人。妈妈带他跟其他小朋友一起玩，他也只是独自玩。

【沟通心理解读】

孩子的性格天生就有差异，有些天生胆大、外向，有些天生胆小、内向。在遇到陌生情景或陌生面孔时，孩子认生、害怕，是正常现象，在父母的引导、鼓励下可以逐渐缓解。

孩子不愿意与人交流，难以和父母及同龄孩子相处，也有可能是孤独症的表现。孤独症也称自闭症，主要表现出语言障碍，不会说话或说话迟；不同程度的人际交往障碍；与人很少有眼神上或肢体上的交流；兴趣狭窄，对某些细节、主题异常关注；行为方式刻板；听觉敏感，对特殊声音喜欢或恐惧。孤独症一般在3岁以前就会表现出来，是一种广泛性的发育障碍。

【父母该怎么做】

对于孩子性格的差异，父母也不必着急，可以根据孩子的成长特征，有意识地逐步引导孩子进入新环境，逐渐适应令孩子害怕的场景，孩子会慢慢改变。

对于可能患有孤独症的孩子，父母需尽早带到医院，早发现、早诊断、早治疗。家庭成员一起参与孩子的治疗，能互相鼓励、支持，坚定信心，因为家庭的态度对孤独症的影响不亚于干预治疗。根据治疗方案，采用药物治疗与心理治疗相结合的方式，配合医生的治疗、训练，必要时可以在特殊教育学校或医疗机构接受教育和训练，包括感觉统合训练、社交能力训练等。父母需要接受自己孩子的不同，营造轻松愉快的成长环境，带动身边人的逐步接受。

儿童期的害羞

小童是个害羞的姑娘，她说话声音较小，经常不敢说话、不敢喊人，父母比较焦急，经常当着其他人的面大声斥责她，训斥她不喊人或声音小，还当着孩子的面对别人说：“这孩子一向胆小，不愿意说话。”小童在遇到人时也基本不喊人，因为妈妈总会在身后帮她解释“胆小，不愿意说话”。

【沟通心理解读】

孩子对环境、对他人缺乏安全感时，会有害羞的表现。孩子的害羞有可能是因为父母教养方式过于严格，以成人的标准要求孩子造成的，导致孩子的压力很大，不愿意开口。在家庭成员内部，有的父母会千方百计地哄劝孩子开口，有的则认为孩子现在还小，不想说也不用勉强。引导方法的不一致，既不利于孩子学习如何表达，压抑他的表达欲望，也会让孩子产生焦虑的情绪。

有些父母过度保护，不让孩子自己尝试，有些为了缓解尴尬，维护面子，在孩子面前跟别人解释说孩子胆小、不说话，给孩子贴上了标签，孩子受到暗示，会成为父母形容的样子，胆小、害羞、不主动表达。

【父母该怎么做】

当孩子面对新的、不熟悉的人或事感到不适或恐惧时，父母要陪伴、鼓励、支持他们，帮助他们提前做好心理建设，预演场景，多做训练，随着时间的推移，孩子的害羞和不适会有所缓解。

父母要有意识地鼓励孩子和引导孩子与人交往。面对害怕的场景，对孩子多肯定、少批评，多鼓励、少指责。避免给孩子贴标签，用正面的话语给孩子鼓励，如“今天和阿姨说话的声音比较大，很好听，很棒哦！”微笑、点头、挥手、眼神交流，都会给孩子以鼓励，能逐步降低孩子的恐惧感，提高孩子与人交往的勇气、建立与人交流的自信。

青春期的害羞

小萱是一名初二的学生，平时与同学交流较少，没有较好的朋友，几乎不参加学校的活动，老师喊他回答问题时，他总是缓缓地站起来，低着头不说话，无论老师怎么鼓励，他就是不说话。回到家也是自己待在房间，几乎不与父母交流，也很少和父母一起参加家庭聚餐。

父母对孩子若一直较少关注，默认孩子内向的性格，不予引导，较少陪伴，孩子“孤僻”的状态会更加严重，甚至形成社交焦虑症或社交恐惧症，影响正常的学习和生活。

【沟通心理解读】

青春期的孩子会多一些敏感和害羞，但有些已经不仅仅是害羞，他们会表现为害怕或回避社交，拒绝参加群体活动。学习、社交技能锻炼的机会都因此减少，学习、生活能力也受到影响，这类情形中孩子可能出现了社交焦虑症或社交恐惧症。社交焦虑症或社交恐惧症的表现如下。

1. 害怕被人注视或评论。

2. 认为别人能看透自己的窘态，对自己都是负面评价。

3. 回避与人的眼神交流，浑身不自然，手脚无处安放。

4. 回避导致社交焦虑的情景，通常是减少社会交往。

5. 在社交场合，会伴有脸红、颤抖、心速过快、尿频、恶心等反应。

孩子出现社交焦虑症的情况，父母不必过于焦虑或担忧，父母的焦虑也会传染给孩子，积极的引导、训练会缓解孩子的焦虑。

【父母该怎么做】

孩子若出现了社交焦虑症或社交恐惧症的情况，尤其还影响到了学习和生活时，父母需调整好心态，了解孩子焦虑的原因，学习一些帮助孩子克服焦虑的方法，陪伴、鼓励、支持、引导孩子，帮助孩子逐渐克服紧张和害怕。

可以采用系统脱敏法，从孩子不太紧张的场合、较熟悉的人训练起，逐步、逐级扩大社交的人群，适应陌生的场合、紧张的情景、社交的时长，从而逐渐适应、缓解紧张。还可以通过心理咨询门诊或机构，辅以药物缓解、采用暴露疗法等，帮助孩子克服焦虑、紧张情绪，建立起正常社交的自信。

沟通良方

孩子的害羞，可能是性格的原因，可能是对新环境的适应力较弱、对环境缺乏安全感，也可能是孤独症、社交焦虑症、社交恐惧症的原因，父母需仔细辨别分析，对待孩子多一些耐心与陪伴，用心引导。

对于孩子可能出现的孤独症、社交焦虑症、社交恐惧症，尽量早诊断、早治疗，父母间互相支持、鼓励，营造积极的、支持的氛围，帮助孩子进行技能训练，逐渐提升孩子的适应力。

孩子成长中都会经历害羞、对陌生人畏惧的过程，家长应避免给孩子贴上害羞、胆小的标签。父母需有充分的耐心，给孩子多创造一些机会，让他逐渐多见一些人、多面对一些可能会害怕的情景，陪伴他、鼓励他、引导他，帮助孩子提升适应新环境的能力、提升社交技能。

第二节　抢占：走开，这些都是我的

孩子为争夺物品发生的争执或冲突，是经常令父母头疼的问题，孩子抱着玩具不放，对方父母询问能否分享，如何缓解尴尬的场面，让孩子能主动与别人分享？兄弟姐妹之间经常为争夺父母的爱、争夺玩具发生争执，如何帮助他们保持良好的关系？

婴幼儿期的抢占

小敏 2 岁半，爸爸平时工作很忙，回家时小敏都睡着了，有次难得周末不用加班，小敏爸爸看到在沙发上玩耍的妈妈和小敏，过去都抱了一下，小敏的反应却很强烈，将要抱妈妈的爸爸的手推开，爸爸试着又抱一下妈妈，小敏又撇嘴大哭，推开了爸爸。之后玩耍、吃饭、洗澡时，只要爸爸在边上，小敏就哭闹，爸爸无奈，只好独自一人躲到一旁的小房间。

小敏带着自己心爱的托马斯小火车出去玩，碰到妈妈的朋友带着小姐姐也出来玩了，小姐姐很想玩一玩小敏的小火车，妈妈对小敏说跟姐姐分享一起玩啊，小敏抱着小火车，摇着头说“这是我的”，妈妈就和小敏一直讲道理，让她把小火车拿出来，小敏委屈地大哭起来。

【沟通心理解读】

2岁以内的婴幼儿还没有形成完全的自我意识，在孩子的眼里，他和妈妈是一体的、共生的，不允许别人介入自己和妈妈之间，这时如果有别人，比如爸爸，在幼儿面前表现出对妈妈的亲密行为，孩子就会觉得自己的主权受到了侵犯，妈妈被抢走了，便会生气、伤心、哭闹。

孩子到2岁以后，进入“物权敏感期”，开始意识到哪些东西是属于自己的。三四岁时，孩子普遍出现“利己”倾向，比较自我。此时若强迫孩子分享他的玩具、读物，孩子会非常委屈，认为父母是帮其他小朋友抢自己东西，对父母不理解自己而感到愤怒、伤心。

【父母该怎么做】

爸爸需要创造一些机会，多参与孩子的照料，尽量每天都能陪伴、照顾、关爱孩子，孩子也会建立对爸爸的依恋，对爸爸的亲切感也会加深。在家中经常玩一些一家三口的亲子游戏，妈妈也多做一些引导，能让孩子意识到，爸爸不是跟他抢妈妈的，爸爸、妈妈都是爱他的。

孩子对自己物品的所属意识会经历一个非常敏感的阶段，父母不必强求孩子分享，要充分考虑孩子的感受，让孩子做自己所有物的主人，由他决定是否分享。但平时需要通过绘本、故事、生活等小事例，给孩子做一些分享意识的引导，如分享可以获得哪些快乐，引导孩子形成分享的观念，让孩子主动快乐分享。

儿童期的抢占

小明是出了名的“小霸王”，爷爷奶奶宠爱，爸爸妈妈疼爱，要什么玩具给什么玩具，要什么吃的立马买回来。小明跟小朋友一起玩时，会经常发生争吵、打闹现象，因为他带出去的玩具，从来都不愿意跟其他小朋友分享，在游乐场玩时玩着跷跷板，还让奶奶帮忙占着秋千，其他小朋友要荡秋千时，就立马哭叫着跑过去说，“走开，这是我的，我要玩的”。

后来小明的妈妈又怀孕了，妈妈告诉小明要有个弟弟陪他一起玩了，小明一开始开心，但弟弟降生后，他却经常闹情绪，不准弟弟碰他的东西，还对妈妈说：“你把弟弟塞回肚子里吧。”

【沟通心理解读】

孩子通常到了七八岁时才真正懂得分享，若不能给孩子及时的引导，孩子出现自私、抢占行为的可能性很大。孩子的抢占行为跟家庭中营造的氛围有一定的关系，父母的纵容、包庇、让孩子独享、教孩子玩具不给其他小朋友玩，都会让孩子缺乏分享意识，产生抢占行为。

孩子内心都渴望得到父母独一无二的爱，在孩子的观念中，弟弟或妹妹的降生，是将父母的爱夺走了，将自己的玩具也分走了，抢占行为，甚至对弟弟妹妹的攻击性行为，也是想夺回他认为应该都属于他的关爱和玩具。

【父母该怎么做】

在家庭中创造分享的氛围，避免营造孩子的特殊地位十分重要。比如吃东西时，家人都共同分享，买的比较少或很好吃的食物，也要避免让孩子一人独享。给孩子创造经常与同伴一起玩耍的机会，引导孩子分享自己的零食、玩具，让孩子体会分享的乐趣。

跟孩子充分建立共情，引导、帮助孩子把他消极的、负面的情绪、感受表达出来；对于孩子在现实中并不拥有的东西，给他们以想象的空间，引导他们表达出自己的愿望；帮助孩子以象征性的或创意的方式，比如，画画、过家家、写作的方式，发泄他们的敌意感受；及时制止孩子具有攻击性的伤害行为，告知孩子如何更好地发泄愤怒情绪。

青春期的抢占

小牛是一名初三的学生，在家中总是一副唯我独尊的状态，妈妈中午炒了一份糖醋排骨，是小牛爱吃的，他就把盘子往自己面前一端，将盘子里的排骨一扫而空，爸爸妈妈一块也没吃到，两人面面相觑。小牛已经不是一次两次这样，遇到好吃的全都抱到自己身边，一人独享，家里有客人到访也是如此，爸爸妈妈感到非常尴尬，却不知如何劝导。

小牛在家时经常将房间里的音乐开得特别大声，也不管家中是否有其他人，不管爸爸或妈妈是否在睡觉，妈妈让他把音乐声音开小点儿，他大声回应道："我在听音乐，这是我的房间，你们把门关起来呗。"之后依旧轰隆隆地继续播放着音乐。

【沟通心理解读】

孩子平时的习惯，是从小养成的，到青春期时，他们会寻求强烈的独立感，寻求独立空间、寻求自由，但这种追求，如果童年期父母没有很好的教育关于分享的观念意识，孩子会变成自私、不顾及他人，性格中养成一种独占甚至霸占的意识。加上青春期暴躁、易怒的情绪，孩子的这种状态会给父母带来很大的困扰，将来到学校住宿，与同学相处都会成为问题。

【父母该怎么做】

父母在家庭中需要营造好的氛围，家庭是大家共同生活的空间，物品、食物都是共享的，不论是孩子或者是家中的任何一名成员都要充分考虑家庭中其他成员的感受，有着与家庭成员共同分享的意识。父母要与孩子做朋友，平等地与他们沟通，将孩子当作成人，不给予独享的特权，并引导孩子的分享意识，包括空间、食物，甚至引导孩子分享自己成长的疑惑和自己的小秘密。

若是多子女家庭，帮助孩子们协调好子女之间的关系，化解他们之间的敌意或冷战，理解他们的状态，让他们能有自己情绪的发泄口，可以让他们有机会与其他孩子享有特权与责任，互相支持、互相理解、互相帮扶。

沟通良方

抢占、独占、霸占，都是孩子自私行为的表现，父母需在家庭中营造共享、分享的沟通氛围。

孩子成长的不同阶段对于分享意识有不同的理解，婴幼儿期的孩子，有着“物权敏感期”，有强烈的“我的”意识，此时应不强制孩子分享，而逐步通过故事、生活小事例、带孩子一起参加游戏的方式引导孩子产生分享意识，让孩子主动快乐地分享。从儿童期开始，要明确培养孩子的分享意识，帮助他们建立良好的同伴关系，及时化解兄弟姐妹之间的敌意、冲突，学会共同分享喜悦、悲伤，分享玩具、物品。青春期的孩子，追求独立空间和自由，父母需要营造平和、共享的家庭氛围，把彼此都当作朋友，培养孩子在共同生活的空间里能兼顾他人的沟通习惯。

第三节 听我的：规则？权威？尊重

父母在育儿的过程中，经常喜欢用“听我的”来强化自己的权威，让孩子服从，但无意中也会发现，孩子也在使用“听我的”。比如，孩子与同伴相处时，让其他小朋友“听我的”，在与父母沟通时，让父母“听我的”，甚至在争执、冲突中，怒吼“听我的”，这种看似树立权威的行为，实际为沟通的顺利进行带来了障碍。

婴幼儿期的“听我的”

在孩子还小的时候，父母对孩子的各种要求都比较低，孩子做出一点儿贡献，父母就会觉得孩子很懂事，就算是父母想让孩子做一些什么事情，也会用很温和的语气向孩子提出，如果孩子一时不愿意做，父母也不会生气，对孩子有比较多的耐心。

当孩子长大一点儿后，父母就觉得，孩子也该懂事了，让他做什么他就应该马上去做，不能哭哭啼啼、拖拖拉拉的。无意间，父母向孩子提要求时就多了几分坚定，少了几分温和，当孩子不愿意马上做出父母期待的反应时，还会指责孩子不听话。孩子的自主意识也在发展——我本来就已经不喜欢事事听你的安排和指挥行事了，你还这么坚定地要我听从你的要求？！哼，我就不听！

【沟通心理解读】

2～4岁是孩子人生中的第一个叛逆期，俗称“宝宝叛逆期”。在这个时期，孩子的自主意识逐渐发展起来，他想主导自己的生活，不想再听从父母的指挥和安排，也希望父母有时能听他们的。

但是很多父母因为缺乏学习，还不太懂得孩子的心理发展规律，所以在孩子不听从指挥和安排来行事时，就容易下意识地给孩子贴上“不听话”的标签。亲子双方容易陷入一个恶性循环——父母的要求越生硬，孩子就越不肯听从；孩子越不听从，父母就越恼火、越心急，语气越生硬，甚至拿出权威的语气让孩子服从，使双方关系更为紧张。

【父母该怎么做】

遵循孩子的成长规律。当孩子出现类似不听话的表现时，淡定些，先反思自己是不是给孩子太高的期待，要多给孩子一些尊重和等待，不轻易给孩子贴上“不听话”的标签，让孩子慢慢度过发展期。

增强自己的育儿信心。对孩子少用“听我的”这样的命令式口吻，因为对孩子的强硬要求，孩子也会模仿，并用到自己与同伴之间的相处，甚至与父母的对话中。

在家中营造民主的氛围。与孩子共同商定活动的方案、行为的准则。

儿童期的“听我的”

小飞和同伴一起玩游戏时，总是要别人听他的，小朋友不搭理他，或者没按照他的规则去做时，他就会大叫“听我的，你们听我的”！甚至还会哭闹、打人，父母很是头疼。

爸爸妈妈下班回家后都忙着自己的事情，妈妈在厨房烧饭，爸爸躺着玩手机，小飞要他们陪自己玩，妈妈不耐烦地说：“出去，出去，妈妈要烧饭。”爸爸抱着手机头也不抬地说：“自己玩，自己玩，爸爸有事要忙。”吃饭时，小飞跟他们分享自己在学校的见闻，爸爸妈妈各自拿着手机，头也不抬地应付道：“哦，嗯。”小飞看这情形，大叫了一声：“你们听我说。”爸爸妈妈头抬了起来，小飞又说了一句“听我说”，父母跟他有了眼神互动，小飞开心地讲起了他的见闻。

【沟通心理解读】

同伴在儿童成长中会发挥越来越重要的作用，其有利于儿童的认知技能学习、情绪安定、社交技能掌握。儿童的友谊发展也经历几个发展阶段。

4～5岁的儿童属于单向帮助阶段，此时他们要求朋友听从自己的愿望和要求，顺从自己的同伴就是朋友，否则就不是朋友；6～12岁的儿童属于双向帮助阶段，儿童对友谊的互动有了一定的了解，但有明显的功利性。举止平静、出色、合作、助人的儿童更受欢迎。

儿童的自我意识形成时，希望周围的人都能遵从他制定的规则，儿童与人沟通时，希望对方能关注他。大声的呼叫，也是为了获得对方的关注。

【父母该怎么做】

父母需引导、帮助孩子处理好同伴关系，给予孩子自信、鼓励。可以通过角色扮演、故事情景的方式，培养他与同伴交往中的基本交往技能，理解同伴，学习处理冲突，培养孩子的利他主义行为，让他能够为自己负责。

避免让孩子通过吼叫的方式吸引自己关注，若只在吼叫时才予以反馈，会强化他的吼叫行为。父母与孩子沟通时，要做好孩子的榜样，通过眼神、肢体动作、表情等非言语动作积极反馈，表示出对孩子的关注。

青春期的“听我的”

“孩子突然像变了个人似的，越来越难管，以前很听话的，现在经常对着干，可真难管啊。”这是很多青春期孩子父母的共同感悟。自己一手带大的孩子从无话不谈变得无话可谈，孩子也不愿意听自己的。

青春期的孩子会从乖巧的状态变得拒绝配合，甚至顶撞父母，这让父母认为孩子在挑战自己的权威，甚至怒吼“听我的”！但这样的压制、控制，并不能与孩子建立良好的沟通，越想控制，他们越想逃离。

【沟通心理解读】

青春期是发展“自我同一性”的关键期，实现了自我同一性的青少年至少有以下3方面体验：一是感到自己是一个独立的、独特的、有自己个性的个体；二是自我本身是统一的，需要、动机、反应模式可以整合一致，具有童年发展而来的连续感和相同感；三是自己设想的“我”与觉察到的别人对自己的看法是一致的，并深信自己努力所追求的目标以及为了达到这个目标所采用的手段是社会所承认的。

解决自我同一性的冲突是青春期孩子成长的重要任务，若孩子缺乏主见、尊重“权威”、缺少反思、较少焦虑，对传统的价值观感兴趣，与父母的联系比与同伴的联系紧密，那么这是青少年探求、实现自我同一性过程中出现的失败现象——“同一性拒斥”。这样的孩子未来往往缺乏主见，容易盲从，不喜欢改变，无法应对挑战。他们会通过回避变化和压力来获取安全感，当遇到挫折时，他们更容易丧失目标和信心。

【父母该怎么做】

青春期的叛逆是生理成熟、思维能力提高的表现，是孩子探索自我、建立自我同一性的途径。当孩子叛逆、不听话、不配合、不沟通时，父母不要认为孩子是对自己威严的挑战，要引导他们有自己的想法，对孩子探索自我的表现要加以肯定。

父母要和青春期的孩子以朋友的身份平等沟通，而不是用权威者的身份压制他们必须服从于自己。父母对孩子的行为进行规定和要求时，要与孩子共同商量，充分考虑孩子的需要和想法，听取并接受孩子的意见，并对制定的要求做出解释，让孩子主动遵守，而不是强制执行。

沟通良方

“听我的”是父母树立权威的表达，是孩子表达自我、宣誓独立的方式，父母若一味地以权威者的身份与孩子沟通，压制孩子想法的表达，对孩子的成长不利，也不利于亲子关系的沟通。

婴幼儿的第一个叛逆期，儿童的同伴关系建立期，青少年的青春叛逆期，都是孩子表达自我意识、拒绝服从的阶段。父母需要遵从孩子的发展规律，降低对孩子的高标准、高期待，帮助孩子掌握基本的社交技能，让孩子勇于表达自己的意见、勇于探索自我，培养孩子的独立人格。

第四节　角色扮演：我也想当爸爸 / 妈妈

角色扮演是孩子通过想象，创造性地模仿现实生活的活动，它为孩子提供了模仿、再现人与人关系的机会，为他们形成良好的社会交往能力打下基础。当孩子产生了在现实世界中无法得到的、无法满足的愿望时，他就会用角色扮演的方式，来使这个愿望成真。

婴幼儿期的角色扮演

幼儿从小就喜欢角色扮演游戏，2 岁开始，她就开始像模像样地哄怀里的布娃娃睡觉，给布娃娃喂饭，假装自己是个温柔的妈妈；她会戴着听诊器玩具认真地在毛绒小熊身上探来探去，给小熊喂药、挂水，假装自己是个负责任的小医生；她会拿着故事书和小棒子，站在家里黑板前，面向对面排排坐的一群玩偶，假装自己是正在讲课的小老师；她会穿上妈妈的高跟鞋，背上妈妈的包，涂上妈妈的口红，一副小大人的模样，假装自己是个忙碌的上班族。

【沟通心理解读】

12 ～ 18 个月是“角色扮演”能力的萌芽期，很多孩子从 1 岁后开始会假装做一个动作，如假装自己在喝水、在吃饭、在睡觉等。18 ～ 24 个月大的孩子会利用玩具来进行一些简单的扮演了，但还停留在一两个单一动作的层面，如用玩具假装打电话。2 岁以后，大部分孩子的角色扮演不再是一个动作了，他们会把多个动作合并在一起，也就是我们所说的“开始有故事情节了”。30 ～ 36 个月大的孩子开始扮演一些日常中不那么熟悉的情景了，如把自己当作医生，给患者治病。

对孩子来说，事实与想象并没有太大的区别，角色扮演能进一步激发孩子的想象力，促进右脑发展；模拟对话不仅能加深与妈妈的情感交流，还可以刺激孩子左脑的语言中枢；通过角色扮演游戏，还能帮助孩子疏导压力和害怕等情绪，为面对真实的情景做准备。

【父母该怎么做】

父母可以尝试带着孩子一起玩，开始时在孩子面前演示一些最简单的自我扮演动作，扮演动作简单并且和孩子日常生活相关，让孩子慢慢形成“扮演”的概念。同时，逐渐给孩子准备合适的、孩子感兴趣的角色扮演玩具，让孩子能进行角色的模拟和扮演。

与孩子一起玩角色扮演时，多引导孩子丰富扮演的情景，充分发挥想象力，让孩子充分描述情景内容。多带孩子出门见识外面的世界，带孩子去公园、逛博物馆、去别人家玩耍等。这些新的生活体验都可以成为角色扮演的素材。这就是最基本的“举一反三”的能力，也能锻炼孩子的记忆力。

儿童期的角色扮演

儿童在进行角色扮演时，喜欢将自己化身为他们喜欢、崇拜的形象：超人、蜘蛛侠、奥特曼、白雪公主、芭比娃娃等，会用偶像的名字来给自己命名，学着那些形象的动作、语言，握着小拳头对着空气打坏蛋，模仿惩恶扬善的情节等。

从幼儿园放学回家后，小桐一直闷闷不乐，妈妈问小桐发生了什么事情，小桐也一直不吭声，吃完晚饭妈妈想起来小桐喜欢玩角色扮演游戏，于是跟小桐模拟幼儿园的场景，由妈妈扮演小桐，小桐扮演老师。经过一轮扮演游戏，妈妈知道了小桐不开心的缘由，原来上课时小桐不专心，离开座位与同学说话，被老师训斥了几句，还被罚站了。妈妈了解清楚缘由后，给小桐做了安抚，小桐的状态终于好转了。

【沟通心理解读】

角色扮演游戏能让孩子学习“换位思考”，学习设计游戏情景，学习如何坚持自己正当的权利，怎样控制自己的言行，以符合游戏规则，这对孩子的想象力、观察力、语言表达能力、思维能力和解决问题能力等的提升，都有很大的帮助。

孩子在经历挫折、在学校被老师批评、与同学发生争执时，难免情绪低落，问及缘由，有时也表达不清，而用角色扮演游戏跟孩子一起还原当时的情景，孩子可以声色并茂地还原情景，帮助父母了解孩子到底经历了什么。在还原情景的过程中，孩子的情绪得到了缓解，父母了解清楚缘由，也能帮助孩子调节情绪，走出挫折。

【父母该怎么做】

角色扮演游戏，是父母与孩子之间很好的沟通渠道，父母平时可以腾出一些时间，陪孩子玩这类游戏。根据孩子喜欢的角色，对故事情景进行改编，父母扮成故事中的角色，跟孩子一起对戏，将行为习惯、礼仪等包含在游戏中，让孩子通过角色扮演，收获比平时讲道理更好的效果。

与孩子多模拟上学的场景，可以帮助孩子克服上学的恐惧；与孩子一起扮演老师、学生的角色，可以帮助父母了解孩子在学校经历的事情，帮助孩子走出挫折情景、缓解紧张情绪，引导孩子掌握上学的礼仪、行为规则、与同伴交往的技能，培养孩子的表达能力。

青春期的角色扮演

有些女孩在青春期时，喜欢扮演成男孩的样子。她们厌恶自己的女性角色，喜欢模仿青春期男孩的坏毛病，如抽烟喝酒和拉帮结派。这些女孩会借口说是因为那些男孩对她们感兴趣，她们才模仿这些行为。青春期的男孩经常喜欢扮演一种聪明、勇敢和自信的男性角色，他们相信自己就是真正的、完善的男性，却不面对自己的不成熟的现状。

【沟通心理解读】

对青春期女孩模仿男性角色的行为加以分析，就可以发现这些女孩从年幼时开始，便因为环境、家人的各种影响，讨厌自己女性角色，转而期待自己是一位男性，并认为因此可以受到更多关爱、满足一些期待，到青春期，这种厌恶女性而对男性角色的偏爱表现得更加明显。

对男孩教育中存在的缺陷和不足，也会在青春期暴露无遗。与男孩极端的女性化行为类似，有些男孩表现出极端的男性化，甚至将极端的恶习理解为男性的人格特征。他们酗酒、纵欲，甚至仅仅为了表现和炫耀他们男子汉气概而不惜犯罪。这些极端化的恶习需要正确引导。

【父母该怎么做】

父母对于孩子的培养，需要重视男性角色、女性角色的塑造，避免对孩子的过度控制和反向角色期待。有些重男轻女的家庭，会表现出对女孩的排斥，作为父母，要对孩子有所保护，引导孩子合理、正确地认知自身的角色，认识到自身角色的优越性。对于男孩，不给予过度期待和压制，让孩子形成合理的自我认知。

父母要做好孩子的榜样，营造良好的家庭氛围，摆正自己的角色，让孩子理解男性角色、女性角色的正常状态。要避免孩子因为嫌弃爸爸或想要保护妈妈，表现出与自己身份不符的角色扮演。

沟通良方

角色扮演是孩子成长、心理成熟、掌握社交技能必经的一种成长形式。通过角色扮演，孩子的语言表达能力、思维能力、想象力、问题的解决能力、行为习惯都得到提升，父母与孩子的亲子关系也能得到改善。

从婴幼儿期开始，父母便可以培养孩子的角色扮演能力，引导孩子如何进行角色扮演，和孩子一起创设角色情景，引导孩子扮演、表达；儿童期，家长可以让孩子自己进行角色设计、制定游戏规则、处理角色冲突，帮助角色进行情绪疏导；青春期，家长要帮助孩子正确认知自己的角色，处理角色和身份认同的冲突。

第五节　我们不一样：性别意识的引导

孩子出生即有了自己的生物学性别，在成长过程中，逐渐获得社会所认为的适合于男性或女性的价值、动机、性格特征、情绪反应、言行举止和态度。这个将生物学性别与社会对性别的要求融进个体的自我知觉和行为之中的过程是孩子区分性别角色或性别定型化的过程。

婴幼儿期的性别教育

孩子在婴幼儿期与妈妈联系紧密，从2岁开始，孩子会观察男生、女生的身体构造，幼儿对于男女的差异已有了朦胧的认知。

幼儿会在爸爸妈妈洗澡、换衣服时悄悄地想去观察，有些父母会立马拉着孩子离开，对孩子想要探求男女差异的行为一味地压制，不知如何引导。

【沟通心理解读】

性别的恒常性认知，经历3个阶段：2～3岁是性别认同期，孩子能意识到不同的性别，知道自己是男生或女生，知道性别角色该有的活动和兴趣；4～5岁能掌握性别的稳定性，知道人的性别不会随年龄变化而变化，也知道与性别相关的心理特征，比如，男孩要胆子大，女孩要文静，可以撒娇；6～7岁是掌握性别一致性的时期，孩子懂得人的性别不会随服饰、形象或活动的改变而改变。

在孩子性别认知的敏感期，需要合理引导，若对女孩盲目进行男性化的养育，将男孩一味进行女性化的养育，孩子会出现性别角色的混乱，对自己的性别认同出现障碍；尤其到了青春期，孩子会出现自我认同混乱，对于自己的性别、行为方式都会出现认同障碍。

【父母该怎么做】

父母在孩子2岁多，即在孩子性别的敏感期时，可以通过与孩子一起读绘本、讲故事引导孩子意识到男孩、女孩的差异，并结合孩子的日常生活，从服饰、玩具的选择、游戏方式等方面，对孩子进行培养。比如，给女孩穿裙子，男孩穿裤子；女孩穿粉色，男孩穿蓝色；女孩留长发，男孩留短发；女孩玩洋娃娃，男孩玩汽车、机器人。

父母在教孩子认识自己的身体构造的同时，也一定要告诉孩子，内衣、泳衣覆盖的身体部位是非常重要的，除了自己的父母或者医生，其他任何人都不能触碰。如果有其他人碰了他们的隐私部位，一定要第一时间告诉父母。

儿童期的性别教育

孩子经常会问父母这样的问题，“妈妈，我是从哪里来的？”有些父母会回答“你是从垃圾堆里捡来的”，“你是从石头里蹦出来的”。有孩子会问：“我小时候在你肚子里，那是怎么出来的？”妈妈回答“你是从胳肢窝里拽出来的”等。这些迷惑性的回答，会让孩子对自己的出生不能有一个明确的认知，对自己的身份产生怀疑，还会导致孩子为了寻求正确答案出现一些不良行为。

小明妈妈非常喜欢女孩，总是在各种场合说女孩好，比如，女孩文静，女孩可以好好打扮，女孩温柔，她也总是把小明打扮成女孩的样子，给他穿裙子，扎辫子，买女孩过家家的玩具。渐渐地，小明也表现得越来越像女孩，有时还让妈妈给他买裙子穿，他在学校也喜欢跟女生打成一片，老师们有时也觉得小明太像女生。

【沟通心理解读】

孩子上学后经常受到世俗偏见的影响，比如，父母、老师总会在很多场合表达出女孩听话、安静、文雅，但脑袋不灵活、死读书；男孩调皮捣蛋、好动，但脑袋灵活、聪明的话。孩子受到这些暗示，也会形成这样的性别偏见，并逐渐趋于出现与这些说法一致的行为。父母对孩子培养的方式、对孩子的期待等思想，都会慢慢灌输给孩子，孩子为了讨好父母，会表现出父母期待的样子，长期如此，孩子会认为自己就该是这样的表现，甚至会出现不符合性别角色的行为。

【父母该怎么做】

若孩子好奇于自己的出生，父母要采用科学的解释来引导，要认识到生命的来源是美好的，而不是羞耻的，要让孩子能够有客观的科普认知，坦然接受自己。孩子从 5 岁开始，就要开始培养其独立睡觉的能力，培养孩子的独立人格；9 岁开始，孩子有了性意识，对于一些有性刺激的画面应避免让孩子看到，也要避免在孩子面前穿着过于暴露，以免对孩子产生影响。

异性家长要避免在孩子面前换衣服，带孩子一起洗澡，带孩子上厕所等。有些父母感情很好，会在孩子面前做出一些过于亲密的举动，这些表达爱意的亲昵行为最好避开孩子。因为对性别意识模糊或者初建立的孩子来说，他会认为只要是自己喜欢的人，就可以用这种行为来表示，会让孩子对性别意识缺乏界限感。

青春期的性别教育

青春期阶段，孩子身上的“预言效应”表现得更为明显。父母、老师对男女生学习失败会有明显的差异解释，在女生考试较差、遇到困难时，容易归结为女生学习能力较差，是智力问题；而在男生遇到同样的问题时，则认为是学习动机的问题。受此观念影响，女生会觉得自己学习不好是因为自己是女生，智力水平原本就比男生低，自暴自弃；而男生往往对老师的批评不在乎，相信自己有能力，并经过努力表现出期待的结果。

【沟通心理解读】

13～18岁的孩子进入异性吸引期，渴望得到异性的喜欢与认可。他们会悄悄地关注异性，并进行调侃、讨论，有一些新鲜和刺激的感觉。此时，男孩和女孩的表现都会有些拘谨，这是孩子走出家庭圈、认识异性的最初学习阶段，他们逐渐会明确自己喜欢什么样的异性，并渴望爱情。

青春期的孩子激素分泌旺盛，对性充满了好奇与冲动。如果发现孩子有自慰行为，不要大惊小怪，要合理沟通，避免孩子心理因为感到羞耻与罪恶，又控制不住自己，形成内心冲突，产生心理障碍。

【父母该怎么做】

对孩子呈现坦然的、开放的态度，不要欺骗孩子，也不要回避孩子的问题。引导孩子正确认识自己的身体，对生殖系统的生理解剖、对性安全和性卫生知识有一个科学的了解。青春期的孩子，从网络上、书上、学校里，对于性已经有了一些了解，如果此时再告诉孩子错误的信息，容易对他们产生误导，也让孩子对父母不信任，产生沟通障碍。

正确看待男女差异和性关系。父母在回答所有关于性的问题时，应该强调爱与责任感在一段亲密关系中的重要地位。

沟通良方

性别意识是从小就要对孩子进行教育、引导的，父母需要根据孩子成长的关键期，及时对孩子进行引导，让孩子建立对自己的性别认同意识，认识到男女生的差异，了解性安全的知识。

幼儿 2 ～ 3 岁开始对性别敏感，父母需要把握这个关键期，让孩子认识到男女的差异，对孩子的性别认知进行正面引导和认可；帮助孩子理解“男女有别”；对孩子强调对身体私密部位的保护；在儿童期，引导孩子发展他（她）的“男子气”“女子气”，帮助孩子建立自己的性别认同，避免性别认同混乱；在青春期，引导孩子正确认识自己的身体，普及性安全和性卫生知识，让自己成为孩子坚强的后盾。

对孩子的性别教育、性教育，不能成为家庭教育的雷区或盲区，父母需及时了解、补足相关知识，对孩子进行科普教育，帮助孩子早些掌握相关知识，避免孩子的盲目探索，加强孩子的自我保护意识。

第四章

学习中的沟通：引导良好的学习习惯

第一节　动机：学习内驱力的激发

学习动机是指引发与维持学生的学习行为，并使之指向一定学业目标的动力倾向，是推动学生进行学习的内部动力，包含学习需要和学习期待两个成分。激发孩子的学习动机，是促使孩子保持学习动力的重要方面。

婴幼儿期的学习动机

家里有个小婴儿，家也就变成了探险地。从孩子学会抓、握开始，他身边的任何物品都会被他抓起来放到嘴里，再拿出来看看，这个过程，是孩子探索未知世界的开始。一些有洁癖的父母，喜欢将孩子周围的物品都清理干净，不让他触碰到任何可能有细菌的东西，殊不知，这却阻碍了孩子的探索、阻碍了孩子好奇心的发展、阻碍了孩子探索世界的进程。

孩子从学会表达开始，就成了“烦人的小妖精”。从醒来，就开始了每天的“为什么”攻击，刚开始，父母还有些耐心，一个个解答孩子的问题，但孩子无休止的“为什么”循环，无法回答的父母，失去了耐心，一声声训斥，便止住了孩子的继续提问，也关上了孩子的好奇之门。

【沟通心理解读】

婴幼儿的好奇心是学习最初的动力，是求知欲形成的关键。孩子从半岁左右就开始探索周围的环境，通过看、摸、舔、咬、玩弄的方式，了解物品性质，还会用手、嘴探索自己的身体构造，通过探索了解新事物，促进观察力、思维能力、想象力、记忆力的发展。

2 岁左右，孩子形成物体恒常性，喜欢“躲猫猫”的游戏，找到“消失”的东西会特别欣喜，对一些未知的事物也会产生好奇。3 岁左右，孩子的想象力发展趋于成熟，感兴趣的内容也丰富很多，孩子会有很多“为什么”。

【父母该怎么做】

父母在孩子面前要表现出对生活环境的好奇心，激发孩子与自己一起探索。带孩子出去散步时，能够与孩子一起观察花、草、太阳、月亮、流水、小鱼等，表现出和孩子一起探索的兴趣与愿望，并能表现出由衷的开心。对孩子探索中可能遇到的危险，及时做到规避。避免用威胁、恐吓的话语让孩子对未知事物产生不必要的恐惧，培养良好的沟通习惯。

对于孩子提出的“十万个为什么”，不武断回答，也不直接用“不知道”应付，要引导孩子思考并想办法一同解决。对于孩子非常感兴趣的内容，可以通过绘本、主题玩具的方式，满足孩子的好奇心、探索欲。

儿童期的学习动机

小强这学期三年级，开学后的考试考得很不好，妈妈非常焦急，质问小强怎么回事：“强强，你这次考试怎么考成这样？”小强理直气壮地说：“妈妈，你以前每次考试前都跟我说，这次考好了给你买玩具车或者机器人，这次你又没跟我说考好了给我买什么，我就考不好了。”妈妈听了非常生气：“你学习是为我学的吗？不买玩具就不学了？以后都不给你买了！”小强听了非常委屈。

父母经常会跟孩子说：“你学习是为我学的吗？”但若父母从小就对孩子的每次考试，都将物质奖励作为鼓励的方式，容易让孩子形成“学习好可以买东西”的预设。长期如此，物质奖励成了学习的驱动力，弱化了孩子对学习本身的乐趣。孩子的学习状态，与是否有物质奖励、物质奖励是否诱人直接相关，导致缺少学习的内驱力。

【沟通心理解读】

玩具、衣服、旅游，这些相比于学习，更容易让孩子开心，父母将学习与这些建立联系，短时间内可以让孩子有更强的学习动力。但若长期如此，每次考试都给奖励，孩子就会为了奖励而学习，难以从学习本身找到乐趣、找到动力。孩子克服学习困难，取得成功，所获得的喜悦比获得奖励更重要。

实践证明，成就动机越强，成就需要的层次越高，对孩子学习和成才的推动作用就越大。激发成就动机的核心是使孩子获得学习成功的体验。成就动机水平高的人希望获得成功，失败时，会加倍努力，直至成功，他们具有更饱满的学习热情、更坚强的学习毅力以及更高的学习自觉性。

【父母该怎么做】

父母在平时与孩子制定学习目标时，应避免将学习与外部奖励建立直接的联系。偶尔的奖励强化，对孩子持续低迷的学习状态有效，但若孩子本身学习状态比较高亢，能从学习中体会到乐趣，就要避免使用物质奖励，因为这样反而会弱化孩子的学习动力。

父母要对孩子有积极的期望与具体、合适的要求，为孩子创造多方面成功的机会，让他们在学习活动中通过成功地完成学习任务、解决困难来体验和认知自己的能力，感受到学习成功的喜悦。

青春期的学习动机

小华是一名初三的学生，父母在外打工，之前成绩都还不错，与同学玩得也挺好，但是最近成绩下滑得很厉害，上课也经常不听。老师问他为什么不好好学习，这样的状态怎么考高中，以后怎么考大学时，小华却说：“我不想上学了，我两个好朋友都已经出去打工挣钱了，爸妈说现在好多大学生都找不到工作，我准备毕业就出去打工，还能挣挣钱。”经不住外界诱惑是常见的影响青春期学习动机的情形之一。

青春期的学生受身体激素的影响，会寻求异性的关注，而在学校获得异性关注的最常见方式除了言行举止特立独行，就是学习和运动。有些中学生，为了让自己喜欢的异性关注到自己，会努力学习，让自己变得优异，这是青春期学生最常见的学习动力之一。

【沟通心理解读】

青春期的孩子，缺乏远大理想和人生目标时，就没有了学习的内驱力。面对难度日益增加的中学课程，缺少了持续奋斗的动力，便很难坚持下去。因此在面对外界环境的诱惑吸引时，容易受环境影响，放弃学习。

成就目标定向理论将学习动机分为两类：学习型动机和表现型动机。学习型动机是把学习当学习，目标是学习的内容，兴趣在知识本身；而表现型动机是把学习作为获得关注的方式，表现趋向型的孩子会不顾后果地寻求关注，会克服困难、努力学习，表现回避型的孩子会因为怕丢脸谨慎选择任务，甚至为了避免关注而不敢挑战。学习型动机和表现型两种动机类型都可以激发青少年更加努力学习。

【父母该怎么做】

帮助孩子找寻自己的梦想，让他能够见识宽广的世界，对未来有自己的规划，用梦想的力量引导出孩子自主奋斗的力量，激励孩子努力。

青春期的孩子普遍会出现寻求异性关注的行为，父母不必因为怕孩子早恋而反应过于强烈，可以用朋友的身份进行恰当的引导，用自己或者前辈曾经用学习成功俘获芳心的案例给予孩子启迪，让孩子能够以更佳的姿态赢得关注，为了双方更美好的未来而努力学习。

沟通良方

让孩子能够维持持续学习动力的关键是帮助孩子从学习中获得乐趣，满足好奇心、求知欲，获得成功体验，形成学习的内驱力。

从婴幼儿期就要开始培养孩子的好奇心，引导孩子自我探索解决问题，感受学习的乐趣；儿童期的孩子会为了父母、师长的赞许而努力学习，此时父母或师长需要及时给予肯定、赞许，引导孩子从解决难题中获得成功的体验，激发孩子学习的内驱力；青春期的孩子为了获得同伴、异性的关注而努力学习，此时不能一味地压制，需循循善诱，还需帮助他们找到自己的梦想，给他们树立可以追逐的榜样，让梦想的力量激励自己不断努力！

第二节　畏难：放弃还是坚持

畏难情绪是学生在学习过程中常见的一种心理现象，是指在遇到某种困难或者难题时，找各种理由和借口逃避、退缩、拖延，进而在心理上产生负面情绪的现象。当孩子有了畏难情绪，便失去了对该学科的兴趣和积极主动性，不管是否会做，都会从心理反射出一种消极的心理暗示。学习处于被动状态，学习的质量和效率也显著地降低。

婴幼儿期的畏难

小泽 3 岁时，妈妈带他去附近的跆拳道馆玩，妈妈听说跟小泽差不多大的孩子都在学跆拳道，希望他看一看、体验后报班。经过了一段时间的观察，小泽加入了训练的团队进行体验，但 10 分钟后他就出来说要去厕所小便，回来后却不愿意再加入队伍体验，妈妈问他是否也想来学，小泽说他不想，妈妈就此作罢。

过了将近一年，有一次小泽陪他的好朋友去跆拳道馆学习，教练问他是否想体验，他立马点头进去了。妈妈来接他时，他兴奋地跟妈妈说："妈妈，我要学跆拳道，刚才在里面上课时，我想小便，一直忍着，厉害吧！你帮我报班吧！我也想来学！"从那之后小泽的跆拳道课一次不落，每次都很积极。

【沟通心理解读】

畏难是人类自我保护的本能反应，是对潜在危险和不可控风险的应激反应。孩子对某些学习内容存在害怕或恐惧时，逼迫反而加重孩子的恐惧和反感。耐心等待，孩子的成长有一个过程，等孩子再成长一段时间，身体素质和心理素质都有所成长，没有了畏难情绪时，孩子可以轻松选择，他自己也会有学习的兴趣。

如果父母总是在孩子面前抱怨工作的困难，抱怨不想上班，孩子也会受父母负面情绪的影响，也会不想上学，孩子会学着父母面对困难的态度去应对生活。

【父母该怎么做】

有些学习内容不太适合较小年龄阶段的孩子的，不必强迫，等孩子的身心再成熟一些，给孩子创造更多正面体验的机会，晚些学也没关系，等他能从学习中找到乐趣，再遇到困难时自己也会主动克服。

父母做好孩子的榜样，当我们在生活和工作中遇到困难时，积极地应对、冷静地处理、不逃避、不抱怨，从容、淡定地解决问题。孩子在遇到困难时也会学着父母克服困难的状态，学习父母的坚持和毅力。

儿童期的畏难

“这些题目都做不出来，太笨了吧！”父母不经意的一个训斥，在孩子的心中可能就会埋下自我否定的种子，认为自己是“笨”的，对于困难也不敢去面对。如果换种方式，父母看到的不只是孩子的结果，看到的是孩子在遇到难题时仔细分析、解决的过程，并予以赞赏、鼓励，当孩子再面对困难时会更愿意去解决。

孩子每一次直面困难、取得进步时，都能带来喜悦，当孩子遇到难题退缩时，若能回忆起自己曾经成功的经历，找回自信，也会更从容地面对困难。

【沟通心理解读】

孩子逃避困难是因为困难使他们不快乐，如果面对困难他们得到的心理反馈是正面的，他们就不会轻易逃避困难。有一些人很喜欢迎接挑战，因为他们经常能从困难中获得正面反馈，获得成就感、自豪感。

学习只是孩子成长过程中的一个阶段。学习的目的也不是为了试卷上那个数字，而是让孩子获取一些基础的知识，培养他的学习习惯、学习态度，培养孩子自主解决问题的思维能力及克服困难的毅力。

【父母该怎么做】

父母要了解自己的孩子，量力而行。不要逼迫孩子做他根本办不到的事情。不要总是把成绩、分数放在第一位，用数字衡量孩子的学习，甚至夸大孩子未来的困难。在面对孩子成绩不好、出现畏难情绪时，先要调整好自己的情绪，接受孩子的不足和不完美；充分关心孩子的状态、关心孩子的情绪、了解孩子的想法、了解孩子觉得困难的是什么，找到关键点，耐心引导孩子，找到学习方法；帮助孩子确定清晰的学习小目标，及时鼓励，帮助他们找回自信，逐步解决困难。

增强面对困难时的积极反馈。每一次尝试、每一次挑战、每一次克服困难，都给予孩子积极的正面鼓励，在他们面对困难时，多说一些“我相信你”“我在你身边”“即使失败也没关系”“尝试了就很棒”等话语。鼓励孩子勇于克服困难，避免将不能完成的惩罚挂在嘴上，因为这样会加深孩子的焦虑，不利于培养孩子面对困难、解决困难的能力。

青春期的畏难

上初中后，理科课程的学习难度增加，尤其从初二开始新增物理，初三又增加化学。在父母、老师“女孩的理科思维没有男孩好”“女生到初二后成绩就会掉下来的”“女孩没有男孩聪明，男孩后劲大”“女生数学都学不好，物理、化学肯定也学不好的”的言语熏陶下，有一批女生，尤其是原本数学不太好的孩子，就会产生自暴自弃的想法，觉得反正自己学不好、干脆不学了。

考试没考好的总结，有的会归因于外部原因：“考试那天淋了雨，不舒服，没发挥好”，“这次考试试题太偏，大家都没考好”；有的会归结于自身原因“又考这么差，我是学不好的”。经常帮自己的失败找外部原因的孩子，较为乐观，但会影响对失败的深入分析；习惯于将失败归因于自身的孩子，容易丧失信心，较为悲观，更容易产生畏难情绪。

【沟通心理解读】

孩子的学习状态若用画圈来表示的话，可以分为 3 个圈：最里面一圈为“舒适区”，对应于不存在困难的学习内容，学起来很轻松；中间一圈为“学习区”，学习会有一定的挑战，因此会感到有点儿焦虑，但是处于“跳一跳，能够着”的状态；最外面一圈为“恐慌区”，超出能力范围太多，学习过于吃力，产生了恐慌感。

把成功归因于内因，即自身的努力和能力；把失败归于外因，即运气、任务难度，可以保护孩子的自尊，保持自信，鼓励下一次继续努力；反之，若经常将失败归结于能力较差，会让孩子产生内疚感和无助感，不利于学习的坚持。

【父母该怎么做】

青少年的学业内容范围逐渐扩大、难度逐渐加深，如果孩子面对的是恐慌区的学习内容，长期处于过度焦虑状态，也不利于进一步学习。父母应先调整自己焦虑的状态，帮助孩子稍微停一停，做一些准备和铺垫训练，循序渐进中，引导孩子进行合适的自我归因，建立自信。

让孩子看到方法的重要性。也许随着孩子年龄的增长，我们无法辅导孩子的作业，但是我们能陪伴孩子寻找解决问题的办法，让孩子掌握处理困难的方法，才是最重要的。同时，帮助孩子树立一个足够坚定的目标，这个目标必须非常清晰，能够推着你一往无前，并用平等的、成熟的态度去引导。

沟通良方

畏难情绪是成长过程中都会存在的状态，从婴幼儿期对未知的恐惧，到儿童期面对困难的畏惧，到青春期遇到困难的自暴自弃。面对这些，父母首先要调整好心态，避免过于着急，将焦虑的状态传染给孩子，要勇于解决生活、工作中的困难，做好孩子的榜样。帮助孩子增强面对困难的勇气，引导孩子形成克服困难的自信、掌握克服困难的方法，当孩子取得成功时，及时鼓励。

多鼓励你独一无二的孩子，让他勇敢地去迎接挑战，告诉他你永远会站在他身边支持他，相信他可以变得更好、更出色。

第三节 拖延：半夜睡觉因为作业多

拖延成为现在困扰很多成人的“坏习惯”，明明知道有些事应该立刻去做，但总是没到最后一刻不做完。父母深知拖延带来的紧张、焦虑，看着孩子吃饭、学习、写作业拖延，就会特别急躁，对孩子催促、训斥，希望能逼迫孩子改掉拖延的习惯。

婴幼儿期的拖延

3 岁的小丘，每天做什么事都比较磨蹭，洗脸时手放水盆里，很长时间都不动，父母批评时，孩子解释道：“慢慢洗，才能洗干净啊。”吃饭时小丘也吃得特别慢，经常食物先拿在手里看一会儿，再在嘴里含一会儿，嚼了好久，一口饭才吃完，每次大家都吃完饭很久，她才吃完，父母经常训斥她吃饭太慢，有时直接夺过孩子的饭勺喂。

父母们坐在一起聊天时，发现孩子之间存在巨大的差异。有些孩子天生急性子，成长得快，做什么都比较心急；有些孩子天生慢性子，都是在慢慢地探索，做什么都比别人晚一步。

【沟通心理解读】

拖延磨蹭，几乎是 3 岁前的孩子都会发生的事，处于该阶段的婴幼儿还处于感知、体验世界的阶段，他们还没有建立时间观念，都是在感受着过程：视觉、触觉、味觉，都有什么新奇的体验，感受水流在皮肤的感觉，观察不同食物的颜色、形状，感受食物的不同味觉，感受咀嚼和下咽的过程，这些新奇的体验也是孩子探索、学习的过程。

孩子天生的性格有很大差异，但每种性格都有优势。慢性子的习得较慢，但相对谨慎小心；急性子的习得较快，但会缺乏耐心、谨慎。

【父母该怎么做】

孩子 3 岁之前，要允许孩子在家里尝试做各种事情，通过一次又一次的尝试，他们在这个过程中还会与父母分享他们“新奇”的感受，父母需耐住性子，与孩子共同体验这份探索和感知的过程带来的乐趣。有了充分的体验，再培养行为的习惯。吃饭、穿衣，尽量让孩子自己去做，相信他可以做好，如果父母着急催促，甚至代替孩子去做，孩子就失去了体验和成长的机会，父母的训斥和施压会给孩子带来更大的压力，磨蹭的情况反而会越来越严重。

对于孩子表现出来的行为、性格的差异，父母要避免将与其他孩子比较带来的焦虑与压力波及孩子，应当无条件地接纳自己的孩子，善于发现孩子身上的闪光点。尤其是对慢热型的孩子，父母要有更多的耐心，给予他们鼓励和赞美。

儿童期的拖延

四年级的小燕最近学习拖延的情况非常严重，写作业时经常一会儿出来喝水、一会儿上厕所、一会儿玩笔、一会儿玩橡皮，作业一直拖到要睡觉才写完。妈妈在旁边训斥，急得都要打她。令妈妈苦恼的是，以前小燕放学回来写作业不是这样的。

之前小燕放学回来写完作业，妈妈都会让她出去跟小朋友玩一玩。自从到了四年级，妈妈听说这是孩子学习的分水岭，便剥夺了小燕放学出去玩的时间，即便写完作业也不让她出去玩，要继续待在家里学习，做习题册。小燕发现无论多快完成作业、写完妈妈布置的习题，总还会有更多的习题等着自己，干脆就开始了拖延模式——边写边玩，拖到睡觉时间才写完。而妈妈发现小燕写作业拖延，就在旁边督促她，及时不时地怒吼、训斥，小燕一直处于高度紧张状态，反应越来越迟钝，作业写得慢也错得多，出现了恶性循环。

【沟通心理解读】

玩耍对于儿童期的孩子来说，既是休息，也是奖励。如果孩子在学习任务达成后，能够及时得到玩耍的权利，他的大脑就会形成“尽快完成作业，可以玩耍”这样一套奖励机制。不用父母催促、辅导作业，他们自己就会有动力自觉地去完成，逐渐地形成尽快完成作业的习惯。

在父母管教过于严厉的情况下，孩子会产生抵触甚至对抗的情绪，有时即使是能很快完成的作业，也会故意拖延，父母越催促，孩子完成得越慢。产生了对抗情绪的孩子，被父母的威吓、催促消耗了积极主动的内在动力，这种对抗情绪成了孩子成长的最大阻力。

【父母该怎么做】

孩子在学习时，父母可以自己在旁边看书、学习，避免对孩子过于强势、精细的管教，要充分地尊重孩子，听听孩子的声音，让孩子自己决定学习的速度，并逐渐养成自主学习的习惯，避免频繁的催促、训斥，做与孩子一起学习的伙伴，给予孩子及时肯定和鼓励。

让孩子在脑海中形成一套对学习的正面奖励机制，让他们在面对学习任务时能够干劲十足，而不是经常激活孩子的抵触情绪，拿出“拖延大法”应对。

青春期的拖延

青春期的孩子掌握了很多了解各种信息的途径，如书本、手机、计算机、网络。各种信息的浏览、网络聊天、网络游戏，不知不觉就花费了孩子的很多时间。学习一旦成了这些活动中最乏味的事情，孩子的学习就非常容易拖延。

缺少目标、缺少及时的鼓励，孩子就容易产生惰性。若当天的任务未及时完成也没有什么大影响，一次是侥幸，多次就成了习惯。父母、师长若经常以负面的评价训斥孩子，孩子也容易破罐子破摔，不愿意改变当前的状态——“反正在你们眼里，我就是拖延、完成不了的”。

【沟通心理解读】

众多活动中，哪一项最有乐趣，最容易吸引孩子的兴趣，也最容易坚持。若孩子能从学习中找到乐趣，找到解决问题带来的快感，也就会减少拖延。

加拿大心理学教授皮尔斯总结出导致拖延的 4 个因素：一是缺乏信心，当孩子缺乏信心，觉得当前的任务困难，自己一时完成不了就会拖延；二是动力丧失，当前的任务太乏味、无聊，又没有正向的激励，难以坚持完成；三是容易分心，桌子上放了镜子、杂书、平板、作业，一会儿看看这，一会儿玩玩那，最终导致啥也没完成；四是回报遥远，当前的努力不能看到及时的回报，便形成了拖延。

【父母该怎么做】

孩子学习时，尽量避免引起孩子分心的因素产生，比如，在孩子学习时，父母避免在孩子面前玩手机、看电视、大声谈论。

在孩子的书桌上尽量避免摆放让其分心的物品，如化妆品、游戏机、漫画书、杂志、手机等，养成专心的习惯。

父母要对孩子进行积极关注，以肯定的、赞赏的态度培养孩子，发现孩子偶尔没有拖延的情况时，给予及时的肯定、鼓励，逐渐让孩子养成不拖延的学习习惯。此外，帮助孩子从学习中找到乐趣，让孩子用学习的乐趣激励自己投入学习。同时，和孩子一起制定阶段性的学习目标，让孩子从不断实现目标的快乐中，坚持努力。

沟通良方

拖延是成人、孩子都会出现的情况，父母首先要做好孩子的榜样，及时完成工作任务、兑现与孩子的承诺，不为自己找借口，当日事当日毕，做好榜样示范。

孩子每个年龄阶段的成长节奏、心理需求不一样，拖延的成因也有所区别。婴幼儿期，孩子的拖延是为了充分地体验、感知生活，是学习的过程，父母需要有充分的耐心，给孩子的成长留有空间；儿童期的孩子需要及时的正面反馈和激励，父母需要给孩子劳逸结合的时间，让孩子用玩耍激励自己尽快完成作业；青春期的孩子有很多分心的要素，缺乏动力支撑，父母需要和孩子一起整理桌面，理清学习的小目标，及时给予鼓励、支持。

打败拖延，和孩子一起，从今天、现在就开始行动。

第四节　成绩：第一名才最棒

“考，考，考，老师的法宝；分，分，分，学生的命根。”成绩一直是老师、父母、学生关注的重点。因为成绩，多少家庭发生争执，多少孩子被痛斥；也因为成绩，出现了多少极端的案例。焦虑的孩子背后，往往都是焦虑的父母。若一味强调考试成绩的唯一性，而忘了提醒孩子“条条大路通罗马”，那么吃亏的，也将会是孩子。北大校长蔡元培先生说过：“决定孩子一生的，不是分数，而是健全的人格修养。”

婴幼儿期的成绩

39 岁的秦女士是杭州的一位老师，她对儿子的标准永远是 100 分。有时孩子考了 98 分，秦女士都要训斥：“我班上的孩子一半都考了 100 分，你为什么考不到？”秦女士觉得自己太失败，患上了严重的抑郁症。

孩子婴幼儿期，甚至刚出生时，很多父母就给孩子规划好了未来，将来读什么大学、念哪个高中、在哪里买学区房，从小就给孩子灌输学习是头等大事的思想，给他们报各种培训班，孩子从小就得为成绩而奋斗。

【沟通心理解读】

每个孩子都有自己的发展程序，他在某个年龄阶段该领悟什么样的问题，其实是固定的，你没办法强求，过分的人为干涉只会毁了他。严厉的、过于控制的纪律管理并不能帮助孩子养成爱学习的好习惯，反而是父母温暖的、对孩子及时的关爱和鼓励，更有利于孩子自控能力、自我调节能力的发展。

婴幼儿期，父母对孩子的用心陪伴，与孩子一起游戏、读书，能够帮助孩子建立安全的依恋关系，有利于双方的亲子沟通，也有利于培养孩子的沟通能力、想象力、思维能力，对婴幼儿的智力发展、情绪自控都有长期的好处，可以提高孩子的自控力，为学习打下基础。

【父母该怎么做】

婴幼儿期，是孩子感知、探索、成长的时期，父母需要让孩子有充分的生活体验，让孩子建立安全的依恋，与孩子建立良好的亲子关系，营造良好的家庭氛围，过早地灌输学习的重要性，反而会压制孩子学习，不利于孩子的成长。接纳孩子的现状，要知道每个孩子都有适合自己发展的路径，对孩子抱有信心。

每天抽出时间和孩子一起做游戏、读绘本、做家务，在轻松、愉快的氛围中，与孩子积极沟通，让孩子设置游戏的情景与规则，与孩子讨论故事的人物、情节，让孩子讲述故事的内容，培养孩子的想象力、记忆力、思维能力和沟通能力。

儿童期的成绩

父母圈普遍有一个这样的观念："父母把家务做好，给孩子做好完备的后勤工作，孩子只管学习就行。"有调查显示，美国小学生平均每天劳动时间为 1.2 小时，韩国为 0.7 小时，但中国小学生平均每天仅劳动 12 分钟，自理能力缺失、劳动意识淡薄的现象普遍存在。哈佛大学一项研究发现，爱做家务与不爱做家务的孩子相比，成年之后的就业率为 15∶1，犯罪率为 1∶10。爱做家务的孩子，拥有更高的心理健康指数和家庭幸福指数，在学业上，往往表现得更加优异。

很多父母能够轻而易举地接受自己和别人的差距，却始终无法接受自己家孩子与别人家孩子的差距。父母对孩子学业的期待，是否能以合适的方式引导孩子，帮助孩子建立持久的自信、形成良好的学习习惯，对孩子的整个学业进程都会产生影响。

【沟通心理解读】

孩子的教育是一场长跑比赛，而跑道的长度是孩子的一生。要想取得长跑比赛的胜利，不需要途中每一个阶段都跑在前面。若父母无法接纳孩子的现状，表现得过于焦虑、失望，孩子也会对自己失去信心，越来越灰心无助。

儿童期是孩子学业的起点，孩子对自己的学习能力有信心，有良好的学习习惯，有较强的自主学习能力和自控力，是培养学龄期儿童的关键。

儿童是通过动作来发展思维的，经常动手更有利于大脑的发育。孩子在做家务的过程中，促进了眼、手、肢体协调能力的发展，孩子的动手能力增强了，思维也会更加敏捷。会帮助父母做家务、帮助父母承担的孩子，更容易理解父母的辛苦，懂得责任与分担，会更理解父母的爱，与父母沟通得也会更顺畅。

【父母该怎么做】

父母要能够以冷静、积极的态度陪伴、引导、帮助孩子学习。在辅导孩子作业时，避免对孩子进行否定和批判。要给予孩子积极的鼓励和称赞，可以帮助孩子建立学习的自信心。在孩子遇到困难、挫折时，引导孩子积极地解决，引导孩子掌握自主解决困难的能力。

父母要舍弃“孩子只要学习就行”的观念，要让孩子学会分担家务，让孩子在家务中得到锻炼。在指导孩子做家务时，传授孩子家务的技能、讲述工作的心得、传授劳动的技巧，能拉近亲子距离，让孩子形成与家庭成员共同承担家庭事务的观念，从而培养孩子的责任心和自理能力，这样的过程不仅不会耽误孩子的学习，反而对提高成绩有利。

青春期的成绩

电视剧《小欢喜》中，英子的成绩一直稳居年级前列，她妈妈对她的饮食起居、考试模拟都安排得很全面，也非常希望英子能按她的想法顺利高考，进入理想的大学。但面对妈妈一次又一次的强压和对她心理状态的疏忽，英子最终因高考不能选自己喜欢的专业而爆发，甚至患上了抑郁症。

这样的案例，生活中也有很多，父母的唯成绩论给孩子巨大的压力，孩子成绩一旦有点儿退步，就立刻大发脾气，甚至对孩子恐吓道：“考不上 ×× 中学，就去捡破烂养活自己。”父母还将自己的焦虑、紧张情绪传染给孩子，每天监督孩子的学习，禁止孩子看课外书，甚至取消孩子的一切课外活动，防止耽误课内学业。

【沟通心理解读】

孩子进入初中后，学习内容、学习方法都要改变，有些孩子跟不上节奏，感觉困难重重，对自己没有信心，连续几次的挫败，若加上父母的否定、批判，会更没有自信。将孩子的考试成绩直接与未来挂钩，会让孩子对考试异常焦虑。

初中阶段孩子成绩出现差异或明显掉队的现象，最主要的原因是思维模式和学习习惯出现了问题。初中阶段的学习经历了由“形象思维”为主，变成“抽象（逻辑）思维”为主的时期，孩子若还按照小学的思维模式学习，容易掉队。

【父母该怎么做】

作为父母，首先要调整好自己的状态，为孩子营造和谐、轻松的学习氛围，不能将自己的愿望和对未来的期待强加在孩子身上。与其将自己的焦虑传染给孩子，不如鼓励他、告诉他：只要足够尽力就好，实在不行就接受最差的结果，人生之长，不仅仅在这一处。

引导孩子多看、多提问、多思考，而不是止于看会、死记硬背。注重孩子知识面的积累，如阅读科普书籍、参加课外实践都是帮助孩子进行课外积累的方式。注重培养孩子的意志力、毅力和良好的学习习惯。

沟通良方

成绩，是父母关注的重点，也是很多亲子关系破裂的根源。父母需要合理看待孩子的成绩，切勿将自己的愿望灌输给孩子，接纳孩子的现状，给予孩子积极的引导、鼓励和支持。

成绩是 一个综合体现，有时它不只是一个数字，不仅仅考查孩子对知识的掌握，更是孩子能力、习惯、心理状态的综合反映，父母需要因此关注孩子的全面成长。婴幼儿期给孩子充分的成长、体验空间；儿童期帮助孩子建立自信心、培养良好的学习习惯；青春期帮助孩子克服焦虑、引导思维训练、培养意志力。

释放压力，缓解焦虑，相信孩子！

第五节　厌学：除了学习，别无他路

孩子在学习的过程中，遇到困难时会产生受挫心理，如果父母不能引导孩子渡过难关，孩子容易产生厌学情绪。轻度厌学主要表现为不喜欢学习，对学习有抵触情绪；中度厌学已将思想上的抵触付诸行动，不听、不学、迟到、旷课，人际关系也随之出现问题；重度厌学由思想和行动发展到了心理问题，对学习充满了恐惧，孩子心理上十分自卑，不愿再回到学校，不敢面对老师、同学，最终导致休学或退学。

婴幼儿期的厌学

孩子出生后，每天都在学习、探索，对什么都饶有兴致，在没有督促、没有逼迫的情况下，孩子还不停地问“这是什么”“为什么”，满满的好奇心、求知欲。面对“好奇宝宝”，妈妈很开心地解答，虽然有时也会不耐烦，但这个“学习”的过程，父母、孩子都是开心的。

不知从什么时候开始，父母开始逼迫孩子安静地坐着写字、画画、练琴，认为这些才称作学习，孩子没有安静地坐着学，就是“厌学”。焦虑的父母越来越重视孩子的学前教育，希望自己的孩子赢在起跑线上，于是抓住一切机会给孩子输入知识，如参加各种早教班。

【沟通心理解读】

婴幼儿受认知能力的限制，尚不知道什么是学习。他们的选择很简单：什么能给他带来快乐，他就喜欢什么；什么能给他带来痛苦，他就厌恶什么。一旦对学习产生厌恶，这种体验将伴随着他进入小学，带给他一系列学习困扰和不良习惯，影响以后的学业和身心健康。

超前学习，从心理学的角度看其实是违背了孩子的内在发展规律，是压抑和不信任孩子本身的学习能力，扼杀了孩子的天性，剥夺了孩子的快乐。孩子抗拒学习，也因为父母总是在逼迫孩子学习、营造压迫的氛围，孩子觉得父母只看到学习的内容，看不到自己，不关心自己，从而产生逆反、厌恶心理。

【父母该怎么做】

将孩子的学习内容融入游戏。在玩中学，孩子享受游戏乐趣的同时，学到了知识，也不会产生厌烦的心理。设置游戏任务，给孩子设置时限、任务、挑战、奖励，孩子完成任务时，及时给予奖励，能让孩子体会到学习也是有趣的。

给孩子制定学习要求、学习任务，要符合孩子的身心发展规律，要避免强压、超前、过重、过难的任务让孩子过早体验学习的枯燥而受挫，还给孩子快乐成长的时光。

儿童期的厌学

现在的父母，几乎所有的下班时间、周末时间都耗在孩子身上。陪孩子学习，如同监工，看孩子写作业时稍微错一点儿，就怒吼大叫，训斥孩子擦掉，孩子的注意力得不到持续集中，对自己没有信心，还始终处于紧张状态中。孩子周末的时间除了要完成老师布置的作业，还排满了辅导班，如奥数班、英语班、编程班、写作班、书法班……父母打鸡血般育儿，将所有的心血、时间、精力都倾注在孩子的教育上，不仅要上名校、考高分，还要兴趣特长全面发展。

父母的高期待、高标准和事事监管，让孩子得不到肯定和鼓励，感到疲乏、自卑、压抑，无法从学习中体验到乐趣，逐渐对学习产生厌恶、抗拒。父母对孩子事无巨细地监管会导致孩子事事依赖父母，自理能力、应对挫折的能力都得不到发展，遇到困难以为父母能解决。

【沟通心理解读】

苏霍姆林斯基说："儿童的心灵是敏感的，它是为了接受一切好的东西而敞开的。" 在教育孩子时，如果总是针对他不好的行为，打压他、羞辱他，那么他所有的缺点都会因此被放大，他敏感的心就会对这些美好的东西关闭上，对自己丧失信心、对学习丧失信心、对未来丧失信心。

孩子之所以有厌学的心理，主要是因为压力太大，不管是学校施加的压力，还是父母施加的压力，还是自己给的压力，或者环境造成的。只要压力无法排解、调节，就难以集中精力学习，产生厌学情绪。父母过度的监管和保护，也让孩子丧失了自己克服困难、面对挫折的能力，面对学业困难会严重受挫，最后干脆放弃。

【父母该怎么做】

在处理孩子厌学的问题上，父母首先要克服焦虑。很多父母三句话离不开考试，月考完了，就说期中考试，期中考试结束了，又说期末考试，这实际上就是在制造一种焦虑氛围，无形中在给孩子施压，让孩子感到厌烦。父母对孩子的期望值是可以根据孩子的表现调节，要能及时根据孩子的实际情况做出调整。

不管孩子的成绩是好还是差，都要坦然地接受。成绩好的孩子以后上名牌大学，找个待遇好的工作生活。成绩不好的孩子，也会有出路，只要愿意去学，总能学到一些知识，远远好过厌学。父母要找到方法帮助孩子缓解压力、减少焦虑，培养孩子的自主学习能力，鼓励、引导孩子养成面对挫折、克服困难的勇气，形成良好的学习习惯。

青春期的厌学

中国青少年研究中心的一份数据显示，高达 70% 的中学生具有厌学情绪。青春期的孩子所处的阶段，也是父母认为的升学的关键期，在此阶段，父母会剥夺孩子所有的兴趣爱好、取消娱乐活动，让孩子一门心思全在学习上，孩子整日都处于学习的高压状态中，学习找不到乐趣，压力难以释放，会逐渐厌恶学习。

父母根据孩子的学习状态、考试情况，给孩子不同的“颜色”，孩子考好了便喜笑颜开，考差了满是失望和愤怒，与孩子的交流只剩学习。尤其当孩子的成绩不好时，就成了一无是处。父母和孩子就像是冤家，三言两语就争吵，甚至班级同学、老师也当自己是问题学生。

【沟通心理解读】

孩子到了青春期，会经常思考自己是个怎样的人，未来要怎样，学习是为了什么，如果长期得到的都是负面的反馈，孩子就很难坚持学习，甚至产生厌学情绪。父母过度地控制时间、空间，也容易激起孩子的逆反心理：“让我学，我偏不学。”

因为学习不好，父母不认可他，同学不跟他玩，老师也歧视他。在他的世界里，所有的支持系统都已经崩塌，所有人都不喜欢他，厌学其实已经是厌世。直至孩子出现了自残、自杀的情况，父母才意识到问题的严重性。

【父母该怎么做】

孩子厌学，是因为出现了他自己无法解决的问题，此时的孩子需要理解、支持、信任，父母要把关心、信任、支持补给他，给予他充分的耐心和鼓励，帮助孩子扛下学校、社会的压力，让他能够重拾信心。

青春期的孩子需要更多的理解、关爱、陪伴、支持，父母需要看到的不只是他的成绩，还有他渴求关爱的内心，父母需要对孩子保持关爱、鼓励，让孩子体会到父母对自己的关爱。孩子遇到学业挫折时，要与孩子共同面对，培养孩子的意志力，寻找合适的学习方法，实在不行，与孩子重新确立目标。不管如何，总能找到成长的方向，关键是帮助孩子重拾信心。

沟通良方

孩子出现厌学，对孩子、家庭都是打击，而孩子厌学的状态，也不只是孩子的原因，父母过早的培养、过大的压力、过高的期待、过于紧张的环境，都会给孩子的厌学情绪增添一份催化剂。

婴幼儿期，孩子在自主探索阶段，父母不用过早安排太多的早教，可以与孩子一起体验生活的乐趣，在游戏中学习一些知识，培养孩子对学习的兴趣；儿童期，孩子的学业生涯刚刚开启，但过重的负担、过度的监管，会让孩子疲于应付，需要培养孩子的自主学习能力、学习习惯、应对挫折的能力，不能让孩子丧失对学习的热情；青春期的孩子，需要自由，父母要避免频繁的叨扰、过度的关注，给予孩子鼓励、支持、陪伴，帮助孩子缓解紧张情绪和压力。

让孩子从学习中找回乐趣、找回信心，增强孩子的挫折应对能力，让孩子体会到父母对自己的关爱和支持，才能将厌恶转化为动力。

第六节　博识：两耳不闻窗外事，一心只读圣贤书

“读万卷书，行万里路，胸中脱去尘浊，自然丘壑内营，立成鄄鄂。”读书有益，多读而博识。

婴幼儿期的博识

孩子出生后，父母便开始给孩子买各种各样的书，甚至早早地就买了百科全书、十万个为什么置于书架，希望孩子可以博古通今、博闻强识。但孩子的成长有一个过程，看书、识字、读书，是一个循序渐进的过程，孩子的阅读兴趣也需要慢慢培养。

婴幼儿拿到书，最常见的动作就是拿到后看看、摸摸、放到嘴里啃，有些父母看到后，会大吼一声：“脏！别放嘴里！”立刻把孩子嘴里的书夺过来，孩子受到惊吓，经过几次反复，孩子对书也形成了恐惧，原来书是不可亲近的东西；待孩子长大一些，父母买了点读笔与书，让孩子自己听点读笔读书，结果发现，点读笔浪费了，书也没看多少。

【沟通心理解读】

孩子出生后第一个月的阅读方式，就是听声音，给孩子播放

故事或童谣，孩子很快就能被吸引，哭闹也会停止。稍微大一些，父母的陪伴式亲子共读，能让孩子体验到父母充满爱的陪伴，阅读成了孩子非常期待的活动。

孩子开始拿到书，会抱着书啃、咬、撕，这些都是孩子认识书的方式，颜色、形状、小洞洞都是吸引孩子的趣味方式，这些“非正式看书”的过程，是孩子阅读的开始，也是培养孩子阅读兴趣的起点。

【父母该怎么做】

孩子出生后，从黑白卡训练孩子的视觉，到结合孩子的兴趣，买些拉拉布书、洞洞书、翻翻书、触摸书，让孩子在看书的过程中，找到乐趣，找到新鲜感，同时视觉、触觉、手指灵活度都能得到训练，书本也成了孩子的玩具。

婴幼儿还没有自主阅读的能力，父母需要做好孩子阅读的陪伴者、引导者。可以购买适合孩子年龄阶段的绘本，色彩、形式、内容都需要做好甄别，用心陪伴孩子阅读，绘声绘色地将书本内容讲述、表演给孩子，让孩子体会到与父母一起阅读的乐趣、享受家庭有爱的氛围。

儿童期的博识

广泛的阅读可以让孩子汲取精神食粮，从书本中获取更多知识。有些父母认为孩子学习是首要任务，杂书影响孩子学习，给孩子买的书，都是围绕语文、数学、英语学科的书籍、考试用书，不允许孩子看任何与学习无关的书本，所有的书本、所有的时间都是与考试相关，孩子难以对看书感兴趣。

曾经在书店看到这样一幕：父母带着孩子一起来到书店，3个人各自挑着自己的书籍，孩子挑到自己想看的书，兴奋地跑到妈妈面前，给她看自己挑了本什么书，妈妈报以微笑，问他什么主题的，孩子开心地回答着，妈妈耐心地听着，孩子询问是否可以买回家看，妈妈问："买回家能自己看完吗？"孩子激动地回答："当然能！"妈妈点头。孩子蹦蹦跳跳地抱着书跟着父母离开了书店。

【沟通心理解读】

一个从小喜爱阅读的孩子，其人生观、世界观、知识面、感知力、求知欲、思考能力、表达能力的形成及处理问题的方式等方面，都会显示出明显的优势。而且，在博览群书的过程中，还可以体验更为丰富的情感，积累更为丰富的知识。这些无疑都会为孩子平添一种知识的魅力，让孩子成长为一个有内涵、有书香气的优秀儿童。

孩子的阅读若能有父母的陪伴、支持，孩子也会从阅读中体会更多乐趣。孩子阅读的内容、主题，父母帮助甄别，孩子自己挑的书，自己感兴趣，更能坚持读完。让孩子自主阅读，读完后能让孩子表达自己的所思、所想，更有利于思维能力的培养，促进孩子学习。

【父母该怎么做】

孩子所读的书，并不仅限于课内书本，更需要有较广的阅读面。从小就引导孩子爱上阅读，将使孩子受益终身。培养孩子良好的阅读习惯，营造良好的家庭读书氛围，父母要做好孩子的榜样，父母可以每天抽出一些时间，在家中享受安静的阅读时光，孩子也会跟着父母一起阅读。

父母陪伴孩子阅读的过程中，要帮助孩子选择阅读的内容，例如，文学、科普、历史、人物传记、艺术、哲学、心理，都可以让孩子有所涉猎。父母要带着孩子阅读，引导孩子复述，与孩子探讨阅读的内容，循序渐进地引导孩子思考，将所读内容用于生活。

青春期的博识

一名初二的男生，开始迷恋上小说，每天放学都从书店租借几本书，放在衣服口袋里揣着，上课时被老师发现批评后，隔两天班主任从窗外视察大家晨读，依旧发现他在看小说。学校请来父母沟通，父母也很无奈，说为了他看小说，不知吵过多少次，但孩子总是抽各种时间看，有时半夜都在看，他们也被孩子气死了，实在是没办法管教。

一位“快急疯了”的妈妈说，自己的女儿在临近中考时，仍然痴迷于网络小说。这位妈妈直言，网络文学中存在大量同质化内容和低俗不堪的东西，根本不能叫作文学，不能叫作阅读，希望网络主管部门能出面管理。

【沟通心理解读】

青春期的孩子，逆反心理非常强烈，父母过于约束，会让孩子更想去找课外书读，出现过于压制后的反抗状态，如“饥不择食”乱购书，休息时间偷读书，不仅影响学习、影响身心健康，也不利于亲子关系。

课外阅读对孩子也是一种放松与调节，有些青春题材的书本里，与孩子的校园生活情景十分相似，学习、游戏、竞争、成功、失败……孩子能从中找到自己的身影，与之共情，达到情绪宣泄的效果，并感受到自己不是孤身一人，他们能够从书中角色身上学习到克服困难的方法，并更能理解父母、老师的苦心。

【父母该怎么做】

孩子急切地想要阅读的状态，宜疏不宜堵，越控制、越压制，孩子越逆反，与其将孩子的书都撕毁、严格控制课外时间，不如给孩子挑一些适合的图书，如天文、地理、科幻、文学，给孩子留出一些时间，与孩子一起阅读。

有些青春题材的优质图书，也可以帮孩子买几本，父母与青春期的孩子可能存在沟通、理解的障碍，此类型的图书可以帮助父母理解孩子，也可以帮助孩子理解父母，理解自己青春期的懵懂，从而调整好状态。

沟通良方

很多父母认为孩子学习、考试是首要的任务，所有的阅读都应围绕考试，而博闻强识、博古通今，是长大后才该做到的，殊不知，孩子的阅读习惯，不是一朝养成，需要从小培养。

婴幼儿期，父母需要花一些时间陪伴孩子进行亲子共读，给孩子买一些符合婴幼儿年龄阶段的卡片、布书、洞洞书，让孩子从书本中找到乐趣；儿童期，丰富孩子的阅读面，逐步引导孩子自主阅读，营造良好的家庭阅读氛围，从而养成孩子的阅读习惯；青春期，给孩子自主支配的时间和空间，给孩子阅读的自由，与孩子一起从阅读中成长、获益。

“读万卷书，行万里路”，与孩子共同成长！

第七节　辅导班：为了孩子还是为了自己心安

社会竞争激烈，为了能让孩子赢在起跑线上，报辅导班成了现在几乎所有父母都会为孩子考虑的一项投入。别人家的孩子都上辅导班了，自己家的孩子也不能不报，孩子在家闲着也是闲着，不如去辅导班。上辅导班，说到底是为了孩子，还是为了父母？是为了孩子能力的提升，还是为了满足父母的面子？是为了孩子的全方面发展，还是为了让孩子满足父母的高期待？

婴幼儿期的辅导班

有了孩子之后，父母就会开始忧虑，是不是要报早教班了？给孩子报什么兴趣班？给他学什么？是任其天性，在家玩到上学，还是给他有方向的培养？是逼迫孩子坚持，还是随他喜欢，想报就报，想不学就不学？

在贵州的大数据峰会上，马云说："未来 30 年是最佳的超车时代，如果我们继续以前的教学方法，对我们的孩子进行记、背、算这些东西，不让孩子去体验，不让他们去尝试琴、棋、书、画。我可以保证，30 年后孩子将找不到工作！"

【沟通心理解读】

0～6岁是孩子运动发展的关键期，孩子很容易从运动中获得快乐，运动也能加快孩子大脑的发育，锻炼孩子的平衡能力；3～5岁是孩子音乐发展的关键期，这个时期的孩子会开始真正欣赏音乐；孩子在1岁多就开始喜欢涂鸦，2岁多开始表现出对色彩和图案的浓厚兴趣，3～5岁可以进行发挥想象力、创造力的绘画；语言关键期出现在3～4岁，到6岁便会停止。这一时期孩子对语言的学习会表现得很积极，且语言发展会比较迅速。

幼儿的兴趣班学习，不是为了让父母减压，仍然需要父母付出时间和进行高质量的陪伴。幼儿没有自主复习的能力，父母需与老师沟通，帮助幼儿进行巩固。孩子能从兴趣班的学习和长期坚持中获得满足感与成就感，也可以增强孩子的自信心。

【父母该怎么做】

亲子时光，是孩子最珍贵的成长时光。父母要通过每日的陪伴观察，带着孩子多体验尝试，发现孩子的天赋，尊重孩子的年龄特点，综合考虑孩子的身心发展情况、学习接受能力，给孩子提供多样的机会，让他们接触不同的知识，表现出自己的潜能，从而发现孩子到底擅长做什么。

父母根据孩子的兴趣、天赋，选择适合孩子年龄阶段的兴趣班。孩子的很多兴趣，父母可以在家给予足够的支持，保持孩子的兴趣。而报了兴趣班，也是为了满足孩子的兴趣，挖掘孩子的潜力，而不是让其早早地成为孩子和父母的负担。

儿童期的辅导班

别人家的孩子都在上辅导班，父母一聊天就发现别人家的孩子学了画画、围棋、书法、钢琴、跆拳道、写作……为了不让孩子输给别人，别人报我就报，别人觉得好我就报，不管孩子的兴趣是什么，也不考虑孩子是否已经疲惫。

“这孩子在家都不听我们的，他最怕老师，您的话他一定听……”有些父母送孩子去辅导班，是因为在家里管不住，每逢假期便把孩子送到辅导班，让辅导班的老师承担育儿的责任。

【沟通心理解读】

很多父母给孩子报辅导班，出于盲目从众心理：孩子间攀比，父母间也攀比，别人家孩子报了辅导班，自己家孩子也要报，不能让孩子输在起跑线上。但学龄期的孩子，业余时间有限，太多的辅导班，会让孩子疲于应付，甚至厌学。

每个孩子都有一定的差异，天赋、兴趣都不一样，给孩子报辅导班的目的主要是为了扬长避短，孩子有天赋、感兴趣的，可以通过辅导班的培养，帮助孩子突出特长。孩子出现阶段性学习困难的，通过辅导班的补习，可以帮助孩子克服困难、重拾信心。

【父母该怎么做】

在给孩子报班前，父母需要充分了解辅导班的资质，同时必须先和孩子沟通，询问是否是孩子感兴趣的，孩子是否能接受，是否能坚持，另外，要考虑好将孩子送去辅导班的目的是什么，再谨慎做选择。

辅导班不是替代父母教育的存在。父母仍是孩子最直接的教育责任人，老师为辅，辅导班更是排在最后的辅助。不能将孩子放在辅导班就放任不管了，父母仍要为孩子负责。父母在生活中要多陪伴孩子，带着孩子一起读书、锻炼、做家务，与孩子一起旅游，这些都有利于孩子的身心发展，也有利于开阔孩子的视野，帮助孩子找到学习的乐趣，培养孩子自主解决问题的能力，养成他们良好的学习习惯。

青春期的辅导班

父母将孩子送到辅导班，目标很明确，以为孩子的成绩肯定能升上去。南京的一位兰女士，儿子上初三，英语一直不太好，为了能让孩子的英语能力有所提高，她花了两万多元给孩子报了个暑期英语补习班，结果开学时孩子的英语不仅没见好，还倒退了 20 分。

有些父母听说某个辅导班好，不惜每天带孩子耗费三四个小时途中的时间，参加一个只有半小时的辅导。一学期下来，父母还经常为谁送孩子上辅导班发生争执，孩子也因为每次长时间的奔波影响了休息，对学习也丧失了兴趣。

【沟通心理解读】

学习是个循序渐进的过程，“填鸭式”地学习并不适用于每个孩子。“补课”是父母的心理安慰剂，但会让孩子缺乏运动、缺少睡眠、缺少放松……太多的辅导班导致孩子的自由时间越来越少，过度疲乏的状态让孩子对知识的吸收也日渐减少。

专注力、学习态度、学习习惯、自信心，才是孩子提升学习的关键，而这些品质，靠辅导班训练不了，辅导班可以教会孩子学习思路，让孩子掌握更多学习技巧，但让孩子保持对学习的兴趣同样重要。父母应该多陪伴、引导孩子，经常给孩子鼓励、支持，才能让孩子从学习中找回自信、逐渐掌握自主学习的技能。

【父母该怎么做】

父母要尊重孩子的意愿，与孩子商量再决定是否报班。若给孩子盲目报班，强迫孩子去上，不仅剥夺了孩子的自由和空间，也会让孩子出现逆反心理，上辅导班成了一种形式，反而不利于孩子学习成绩的提高。在与孩子探讨后，针对哪些方面需要报辅导班或补习班，帮助孩子做好甄别，确保辅导班的质量，才能让孩子在有限的时间内能够充分地获益。

父母应该帮助孩子养成良好的学习习惯，给予孩子多陪伴、多鼓励、多支持，引导孩子正确看待成绩、看待挫折和失败，让孩子养成学会错题反思的习惯，培养孩子学习的专注力、独立解决问题的能力，对自己建立自信心。

沟通良方

在父母的眼里，报辅导班“一切都是为了孩子”，甚至常常在孩子面前计算为孩子报班花了多少钱。但其实，父母也应该想一想，报班真的是为了孩子？还是为了满足自己盲目的攀比心，为了减少自己缺少陪伴的负罪感？还是将教育的职责推给他人？

给孩子报辅导班，要真切地从孩子的角度思考，促进孩子身心发展，帮助孩子扬长避短。婴幼儿期，父母需要花更多的时间陪伴孩子，让孩子从中体验到生活的乐趣、感受父母的关爱；多用心观察孩子，发现他的天赋、兴趣，在能力范围内报班培养，满足孩子的兴趣，激发孩子的潜力。儿童期孩子的辅导班，需要衡量孩子的时间与精力，不盲目，让孩子保持学习的热情与兴趣。青春期孩子的辅导班，需要征求孩子的意见，与其共同商定，让孩子能从学习中找回自信、找到适合自己的学习方法。

给孩子报班后，也该与家人、孩子确定好长期坚持的方案，避免为了报辅导班产生争执，让孩子在和谐、有爱的氛围中快乐学习、自主学习。

第五章
同伴中的沟通：帮助孩子找到自信

第一节　友情：同伴是成长的必须

研究表明，如果一个孩子在年幼时和同伴交往有问题，在小学、初中都难以形成较好的同伴关系，相对于那些能够建立友谊、有好朋友的孩子，他的学业成就相对较差，辍学率会较高，孤独、抑郁等心理问题的发生率也较高，到成年阶段也更容易出现心理问题。由此可见，孩子的同伴交往对于儿童未来的发展具有非常重要的作用。

婴幼儿期的友情

英国心理学家哈洛及其同事做了恒河猴实验，他们让一些幼猴只与母猴生活在一起，剥夺了其与同伴相处的机会，结果发现，这些幼猴产生了许多病态行为，会回避与同龄幼猴的相处，不得不接近时，会表现出很强的攻击性，并一直持续到成年。

之后，实验者将幼猴与母猴分开，让这些幼猴与比他们小的、正常的幼猴一起生活，一段时间后，异常的幼猴也恢复了常态。这说明同伴在幼儿成长中具有重要的作用，同伴间的依恋可以弥补成人陪伴的缺失，同伴间的互相帮助、支持可以促使他们获得社会化、健康成长。

【沟通心理解读】

2 个月左右的宝宝能够注视同伴，3 ～ 6 个月的宝宝能够相互触摸和观望，但宝宝 6 个月以前的这些反应并不具有真正的社会性质，他们仅仅把同伴当作玩具，这时的行为往往是单向的。6 个月以后，宝宝看见其他宝宝时，能微笑以及发出“咿咿呀呀”的声音，这种互动已经开始有了社会意义，是向同伴交往迈出的第一步。

1 ～ 2 岁的孩子随着身体运动能力和语言能力的发展，其社会性交往最突出的特征是出现应答性的社交行为，如一个孩子对另一个孩子微笑或者发出的、语言或非语言的声音，抚摸、轻拍或递玩具的动作。孩子之间，越来越多地出现模仿、互补的交往行为。3 ～ 7 岁的孩子还未形成友谊的概念。同伴就是朋友，一起玩就是友谊。同伴能够帮助去自我中心。

【父母该怎么做】

带着孩子主动去认识同龄的小伙伴，认识新朋友，在交往中让孩子懂得什么样的小朋友容易受人欢迎，培养孩子乐于助人的品格，在小伙伴需要帮助时，能够伸出援助之手，安抚同伴的情绪。

引导孩子掌握同伴交往的技能，学会与同伴分享，学会尊重他人，鼓励孩子带着真诚的微笑与人交往，用语礼貌，与同伴沟通时学会倾听，不打断对方的话。引导孩子享受有朋友一起玩的乐趣。父母还可以邀请小伙伴到家中做客，观察孩子与同伴的相处情况，适时引导。

儿童期的友情

对于儿童，最幸福的时刻，莫过于放学后，丢下书包与小伙伴疯跑疯玩了，那一刻的儿童什么烦恼都没有。在房间里独自写作业无聊发闷时，小伙伴一喊出去玩，瞬间精神十足，冲下楼去。

在儿童群体中，学习成绩好的孩子被父母、老师认可，也更容易受小伙伴欢迎，那些有主见、能够进行团队合作的孩子也容易受欢迎；对人不友善，表现出攻击性、缺乏合作能力的孩子不受欢迎；平时较为安静，对同伴交往表现出回避、退缩行为的，对成人较为依赖的孩子，容易受到同伴忽视。

【沟通心理解读】

4 ～ 5 岁儿童的友谊属于单向帮助阶段，顺从自己的愿望和要求的同伴就是朋友；6 ～ 12 岁儿童的友谊属于双向帮助阶段，儿童对友谊的互动性有了一定了解，但有明显的功利性，还不是患难与共的合作。

随着年龄的增长，儿童与同伴的互动增多，与成人的互动减少，与近似年龄或大自己 2 岁左右的同伴的互动会超过同龄儿童的交往。同伴可以帮助儿童成长，摆脱自我中心，可以作为一种社会模式或榜样影响儿童的价值观、态度和行为的发展；同伴给予稳定感和归属感；同伴是社会化的动因，能够促进社交技能的掌握；友谊是儿童学会减少社会孤独感所必备的。

【父母该怎么做】

家庭中的氛围和相互间的交往，是孩子学习的最初的环境，对孩子具有重要的影响，父母需要营造良好的氛围，保持家庭成员间和谐的沟通。

对孩子进行积极的正面引导，不限制孩子的交友，对于交友存在障碍的孩子，要及时观察出现的问题，引导孩子形成基本的社交技能，培养孩子的自信心、独立性、成就感，让孩子能够看到自身价值，勇敢地与同伴相处。

青春期的友情

青春期的孩子对社会充满了好奇，迫不及待地想进入成人的生活圈。小晨是一名初三学生，一次在同学的生日会上认识了一位出手大方的刘大哥，看着刘大哥抽烟、喝酒、飙车的样子，小晨很是羡慕，主动交了刘大哥这个朋友，之后小晨经常逃学，刘大哥带他去游戏厅、网吧、酒吧，带他喝酒、飙车。有一次，刘大哥跟其他社会人员发生争执，小晨秉承“江湖义气”，用利器将对方打伤，自己也受了重伤，进了医院也受到了法律制裁。

【沟通心理解读】

9～15 岁的友谊属于亲密交往阶段，儿童逐渐懂得忠诚、理解、共同兴趣是友谊产生的基础，他们会互相倾诉秘密、互相帮助、解决问题，友谊具有强烈的排他性；12 岁开始，是友谊发展的最高阶段，择友谨慎的话，建立的友谊能保持很长时间。

青春期的同伴关系是最主要的人际关系，青少年可以从同伴交往中得到情绪的宣泄，得到宽慰、同情和理解，并通过互相帮助克服情绪上、心理上可能产生的问题，满足稳定感和归属感。同伴交往也可以有利于青少年获得社交经验，提高宽容能力和理解能力；学习社交能力和技巧；培养社会洞察力；发展对集体的忠诚。进入青春期的孩子和父母、老师等成人群体的关系开始疏远和淡化，同伴之间的关系可以填补社会关系的空白。

【父母该怎么做】

父母需要重视同伴关系对孩子的影响，鼓励孩子积极交友，当孩子不愿意待在家里，要跟同伴一起出去玩时，要给予支持，而不是限制孩子与同伴的交往。当孩子与同伴的友谊出现问题，父母要给予陪伴，帮助孩子理清同伴交往中出现的问题。

父母要善于用理智、科学的方法，引导孩子谨慎交友，鼓励孩子在同学中培养友谊，尝试与不同性格的孩子接触，取长补短、互帮互学，建立健康、积极、良性的同伴关系，朋友宁缺毋滥。

沟通良方

同伴可以帮助孩子消除孤独感，促进孩子掌握社交技能，为孩子提供成长的榜样，为孩子带来乐趣。父母需要重视孩子同伴关系的建立和维护，做好孩子社交的引路人。

父母需要帮助孩子认识到同伴关系的重要性，培养孩子与同伴交往的技能。从婴幼儿期开始，带着孩子去游乐场、认识小伙伴，让孩子逐渐体会同伴玩耍的乐趣；童年期的孩子，已经会主动结交朋友，父母需要帮助孩子掌握基本的社交技能，如学会分享、学会尊重、学会如何与人沟通，帮助孩子建立同伴交往的自信；青春期的孩子，主要的社交圈转向了同伴，父母需要给予孩子空间，让孩子在同伴群体中找到归属感，引导孩子形成正确的交友观、价值观，谨慎交友，学会自我保护。

第二节　冲突：矛盾化解与友谊的维系

冲突伴随着孩子的成长，解决冲突是提升孩子社交能力的必经考验。孩子从冲突中更有机会了解彼此的观点、处理方式的差异，能够学会站在别人的立场看问题，学会换位思考，理解别人的感受。

婴幼儿期的冲突

孩子在一起经常会发生冲突，因为抢玩具起争执、因为谁先玩起争执、因为对方不听自己的起争执、因为东西弄坏起争执，有些孩子出现冲突时会大哭大闹，有些孩子会污言秽语，有些孩子直接动手打人。孩子的冲突时有发生，作为父母，如何引导孩子处理冲突？

父母看到孩子间的争执，有些会特别敏感，跑去就训斥别人家的孩子，甚至还动手打对方的孩子，使矛盾进一步激化；有些父母不问青红皂白，出现冲突立马训斥、指责自己家孩子；有些父母平时就给孩子灌输“打回去”的思想，孩子受到一点儿欺负，就指责孩子无能、懦弱。父母的引导方式，对孩子的冲突处理能力、社交能力的发展都有一定的影响。

【沟通心理解读】

孩子之间发生冲突的主要原因是孩子的“自我中心”受到了侵犯，解决冲突的过程，也是孩子自我成长、社交能力提升的过程。父母暴力行为的错误示范，过于袒护、指责自己孩子，都不利于孩子的成长。

孩子会对来自电视、生活中的污言秽语、暴力行为进行模仿，如果不及时调解训练，其暴力性倾向会逐步加强而难以改变，应当及早对其进行干预。

【父母该怎么做】

给孩子提供榜样示范，父母的冲突处理方式、沟通方式是孩子模仿的榜样，要注意给予孩子引导。当遇到孩子自身无法解决的冲突、矛盾时，要教会孩子向成人求助，还可以通过故事讲述、情景模拟等形式，引导孩子恰当处理冲突。

孩子之间出现冲突时，如果没有肢体冲突，在没有安全威胁的情况下，尽量不干涉孩子的冲突，让他们自己在冲突处理中找到解决的方法，逐步形成适合自己的应对冲突的策略和方式。孩子向父母倾诉冲突的情况时，要能与孩子共情，用心倾听孩子的宣泄，理解孩子在冲突中的委屈，尊重孩子，帮助孩子分析问题，引导其找到更好的解决方法，让孩子感受到父母的信任和支持。

儿童期的冲突

孩子之间的冲突往往是为了争夺某个权利，如吃、玩、关注，有时，打闹也是孩子探索交往的一种方式和渠道。有些孩子在尚未掌握自我处理冲突能力的阶段，平时会习惯向大人求助，刚出现争执，就开始大喊大叫，吸引他人注意，而他人未及时出现时，也会向老师或父母告状。

在冲突发生时，有些孩子会习得父母的暴力解决冲突的方法，有些孩子一味地忍气吞声。长期如此，对两种孩子都不利，需要引导孩子合理看待冲突，让他们明白哪些是错误的、需要明确制止的行为。对于错误方，孩子学会了承担责任，才会减少冲突的发生。处理冲突的目的，是让孩子都能获得成长，提升社交能力。

【沟通心理解读】

“爱告状”的孩子往往是老师比较偏爱的孩子，他们之所以打小报告，一方面是希望对方受到老师的惩罚，破坏其在老师心目中的形象；另一方面是为了引起老师的注意，寻求老师对自己的关爱。

随着孩子的成长，儿童期的孩子已经有了一定的是非观，也明白在冲突中，双方都有什么错误之处，此时，需要引导孩子学会对自己的错误承担责任。此外，有的孩子有可能会因为自己的错误而感到恐惧、愧疚，影响今后的自我评价，此时需要及时引导疏解，最终让孩子能够互相理解对方，及时化解冲突，原谅、包容彼此，恢复伙伴关系。

【父母该怎么做】

在孩子出现冲突、争执时，父母需要保持中立的态度，引导孩子冷静情绪，先叙述整个事件的经过，而后帮助孩子分析冲突中双方的问题，引导孩子学会换位思考，鼓励孩子将分析的结果转化为行动，学会主动承担责任、及时道歉。

解决孩子的冲突时，要避免让孩子过于自责、恐惧，影响其自我评价和以后的生活，要及时消除孩子内心对于犯错的恐惧和愧疚，要安抚他，每个人都会犯错，关键是从冲突中学到了什么。化解完冲突后，要提醒孩子学会包容和理解，及时原谅他人，维系友情。

青春期的冲突

青春期的孩子容易冲动，同伴之间出现矛盾、冲突时，经常会出现打架斗殴的暴力冲突事件。有些孩子长期处于父母的暴力管教下，更容易出现暴力行为，与同学之间出现争执倾向于用暴力解决；有些孩子有强烈的虚荣心，经常觉得他人的言语伤害了自己的自尊心，尤其当周围还有同学起哄时，容易出现斗殴冲突；受媒体、网络事件、暴力游戏的影响，有些孩子也出现模仿现象，用打架斗殴的行为显示自己的地位和成熟。

青少年的认知水平尚不完善，他们法律意识淡薄、考虑问题容易偏激，觉得自己已经成人，但心理又不成熟，出现矛盾时，易冲动，给冲突双方都有可能带来无法弥补的后果。

【沟通心理解读】

青春期的孩子同伴间的交往出现问题时，无论过于好斗还是过于抑制，都在于他们如何看待他人以及如何做出反应，比如，具有攻击性的孩子总是能将他人的消极行为看作敌意，从而进行回击。研究显示，情绪不稳定的、具有攻击性的孩子会遇到更多的问题，他们需要掌握愤怒管理和沟通技巧来克服这些问题。

【父母该怎么做】

帮助具有攻击性的孩子以更理性、善意的角度分析同伴行为的意图，鼓励害羞、内向的孩子发现自己身上的积极品质，建立自信。引导孩子对自己和他人表示尊重，学会倾听，以坦诚、友好、积极的态度面对同伴。

孩子出现问题时，应给予孩子陪伴和支持，确保孩子在冲突中能有安全底线意识。让孩子从中认识到错误并勇于承担责任，而不是替孩子或强迫孩子找到解决冲突的方法。父母在帮助孩子时，要以引导性的问题，促进孩子思考、改变，如“你这样做，会产生哪些后果？”，“其他人会怎么想、怎么做？”等。

沟通良方

冲突是孩子成长中必经的考验，从冲突的解决中，孩子会逐渐掌握行事的规则、掌握人际交往的原则、掌握基本的社交技能，在冲突解决中，孩子能够获得成长。父母需要在家庭中营造良好的沟通氛围，给孩子提供解决冲突的良好示范。

孩子与同伴出现冲突、争执时，父母都要给予孩子情感上的支持，倾听孩子对于事件的叙述，引导孩子全面客观地看待冲突，提高自己解决冲突的能力。婴幼儿期，孩子之间出现冲突，在没有肢体伤害、安全威胁的情况下，尽量让孩子自己处理冲突，帮助孩子克服自我中心；儿童期的冲突，需要引导孩子分析冲突中双方出现的问题，能够让孩子学会承担责任并主动道歉，恢复同伴关系；青春期的冲突，需要引导孩子提高自主解决问题的能力，建立规则意识、法律意识、底线意识，认识到冲突处理不当可能带来的后果。

第三节　别人家的孩子：有选择的比较

许多人的童年都有一个阴影，那便是“别人家的孩子”。曾有人问：“如何摧毁一个孩子的自信？”有个高赞回答是“让他活在别人家孩子的阴影里”。中国社科院新闻与传播研究所等机构发布《青少年蓝皮书：中国未成年人互联网运用报告（2019）》显示，“你看别人家的孩子”这句话入选为“未成年人最不喜欢父母说的五句话”里的榜首。与别人家孩子的比较，父母以为能够促使孩子走向更高处，但这样让孩子活在别人的阴影里，会让孩子丧失真实的自己，更可怕的是，孩子可能会因此痛苦、自卑地度过一生。

婴幼儿期的比较

从孩子出生开始，父母就在比较的路上越走越远，比一比孩子的身高、体重，比一比什么时间叫第一声“爸爸”“妈妈”，比一比什么时候会坐、会站、会走路，比一比画画、识字……在比较中，父母有受挫的心理，却又同时将这样的受挫心理传递给孩子。

“你看看人家小吴，多有礼貌，见到人就喊叔叔阿姨，那么热情，你怎么回事，说话喊人啊！”“你这个画全画出线外了，看人家画得多好，专心些啊！”“就这几个数字，怎么认来认去还不认识呢？人家小胖都认到100了，都会正数、倒数了！”在父母的比较中，孩子越来越自卑，甚至认为自己干什么都不行。

【沟通心理解读】

孩子将成人对自己的评价当作自己的评价，对权威依从，处于被动地位，若父母经常给孩子负面评价，孩子也会给自己较低、较负面的评价，会形成否定自己的固有观念："我不行"。一旦形成"原生自卑"心态，对孩子的伤害形成，就很难改变。

就像世界上没有两片相同的叶子，每个孩子都有自己独特的个性，有自己的发展速度，有自己擅长的方向。孩子的言语、音乐、绘画、逻辑、运动，都有自己的敏感期，加上父母培养方式的差异，孩子间出现发展不一样的情况属于正常现象。而若一味地与别人发展快的方面进行比较，看到的只会是孩子慢的方面。

【父母该怎么做】

父母需要摆正心态，带着赞赏的、发现的眼光看待自己的孩子，认可孩子的表现，给予孩子及时的鼓励和关爱。孩子每天都在变化，只要相较于他自己之前的状态有所成长，那就是进步，就值得被称赞。

接纳自己的孩子，给予孩子全部的爱。孩子自出生开始，都是完完全全地接纳、认可自己的父母，问孩子谁最漂亮、谁最厉害，孩子的回答永远都是"妈妈"或"爸爸"。在孩子眼里，自己的父母就是最棒的，孩子给了父母完完全全的爱。父母也要反思，自己给孩子的爱是不是对等的。

儿童期的比较

父母对孩子进行比较时，总是能精准地捕捉到别人的优点，将别人的优点和自己孩子的弱点进行比较。数学很好的孩子，可能语言表达能力差一些；特长很多的孩子，可能成绩一般；成绩一直排第一的孩子，可能自理能力差一些……但父母对这些可能比自己孩子差的方面，都选择性地忽略，而只是一味地对自己孩子进行打压。

苏珊·福沃德博士在《中毒的父母》中写道：“没有一个孩子愿意承认自己比别人差，他们希望得到成人的肯定，他们对自己的认知也往往来源于成人的评价。”相信自己的孩子，与孩子自己进行比较，只要比之前进步，就是值得肯定的。

【沟通心理解读】

很多人认为，通过比较可以对孩子起到一种激励作用，可以避免孩子骄傲。殊不知，对比教育，最容易挫伤孩子的自尊心。用别人的长处来比较自己孩子的短处，终归是比不过的，只会让孩子觉得，我不如别人，我真的很差。父母看不到孩子自己的努力、看不到孩子的优秀，孩子会觉得父母的关注点都是别人家的孩子，自己得不到父母的关爱、认可。

父母将孩子的弱项与别人的优势进行比较，“别人家的孩子”成了一个优势集合体，是父母对孩子高期待的结合。父母会从比较中体会到挫折，感受到压力，感受到培养、教育孩子的焦虑，而这种负面情绪也通过对孩子的比较性指责传递给孩子。孩子得到的都是自己不如别人的比较，会因始终没有达到父母的期待，受到父母负面情绪的影响，导致自信心受挫，压力倍增。

【父母该怎么做】

父母在将自己家孩子与别人家孩子对比时，要能换个角度，看到自己家孩子相比于别人家孩子的优势，缓解自己的育儿焦虑，也给孩子及时的认可和鼓励，帮助孩子建立自信。

“你真棒”这种正面的鼓励，会让孩子感受到被认可，在好评中确认自我价值，而更自信，更有创造力。父母的一句好评，表达的是认可与接纳，传递的是关爱与温暖，每个孩子都渴望从父母那里听到。因此，父母要及时给予孩子赏识教育，引导孩子形成全面、客观、积极的自我评价，帮助孩子发现自己身上的闪光点。

青春期的比较

一位13岁的男孩离家出走，留下一张便签：“写给亲爱的爸爸，爸爸，我走了，你不用找我了。以后你不认识我，我也不认识你。你不该有我这样的儿子，再见了爸爸……” 当民警找到他时，孩子又高兴又沮丧，哭诉道：“爸爸觉得我这不行那不行，经常拿我和别人家孩子比，他不喜欢我，我只好走了。”

《少年说》中有一位初中女生在高台上喊话：“我妈妈在对比我考试对象时，对比的那个别人家的孩子，是我那个全班第一、全年级第一、全校第一乃至全联盟第一的学霸女闺蜜。孩子不是只有别人家的好，你自己的孩子也很努力，为什么你不看一下呢？”但妈妈却仍旧在讲道理：“我对你的评价是客观的，你跟别人比，比的是好的学习习惯和好的学习方法。”女生说：“我并不适合激将法，老是打击我，我一定会觉得自己很差，但是你们从来没有改过，每次考试成绩一出来，都是先说我差的。”

【沟通心理解读】

青春期的孩子处于自我认知、建立自我认同感的关键期，长期被拿来和别人做比较的孩子会失去自我评价的能力。长大成人后，孩子很难自我接纳，包括自己的能力、观点、兴趣、情绪、目标，都难以形成自我认可，影响心理健康；也很难有耐心去接纳别人的缺点，因为不接纳自己的人，也不可能真正接纳别人。

孩子在接受对比、接受评价的过程中，自我评价的独立性也日益发展，并具有一定的批判性。若父母长期进行比较式、批判式教育，孩子也会学着父母比较，比较父母的差异，比较父母的投入，甚至与同学进行攀比，这不利于孩子的心理健康，也不利于亲子关系的发展。

【父母该怎么做】

父母需要看到孩子的付出与努力，给予孩子及时的认可和鼓励，帮助孩子建立积极的自我评价。帮助孩子进行总结时，通过与孩子的自身对比，让孩子看到自己的成长与变化。

对于敏感的青春期孩子，父母过多的比较，会引发孩子的逆反心理，因此，尽量避免这种比较式的批判。当父母发现孩子给自己压力很大，难以自我调节时，可以运用反向的与别人家的孩子比较，例如，提示孩子“比你差的还有许多”，这样会帮助孩子释放压力、建立自信，还能拉近亲子之间的距离。

沟通良方

“别人家的孩子”，是众多父母教育的大招，也是孩子的噩梦。别人家的孩子总是高人一头，导致父母焦虑，孩子自卑。

孩子间的比较要适度，要能接纳自己孩子，看到自己孩子的优势。婴幼儿期孩子的成长差异很大，要能接受孩子性格的差异、成长速度的差异，缓解育儿焦虑；儿童期的孩子需要更多鼓励和赞赏，要给予孩子支持，在比较中看到孩子的优势，让孩子感受到父母的关爱和认可，帮助孩子建立自信；青春期的孩子容易情绪激动、逆反，要能及时鼓励，帮助孩子缓解压力，让孩子从自我成长的对比中，建立自我认同，形成对自己全面、客观的评价。

第四节　争宠：孩子间关系的缓和

2015 年 10 月，十八届五中全会决定，全面放开二孩政策。政策实施后，很多家庭都孕育了二宝，但二宝的降生，也给很多家庭带来了困扰。比如，家中的孩子经常发生争执，孩子的冲突如何缓解？孩子之间的矛盾如何解决？怎样做可以改善他们之间的关系？自己的行为是否滋长了孩子之间的敌意？

婴幼儿期的争宠

父母生育二宝的初衷是希望孩子能有个玩伴、有个朋友，相互之间有个照应，自己以后也能多个孩子养老，但孩子的降生也给父母带来了很多困扰。或许在怀孕之前已经征得了老大的同意，但二宝降生后，老大的态度还是发生了改变，在家里各种捣乱：妈妈抱着二宝时，老大也要抱；给二宝拿个玩具，老大大吼："那是我的！"不给二宝玩；给二宝喂奶，老大站在一旁，也要喝奶，即便已经断奶很久了；妈妈带二宝睡觉，老大也抱着妈妈，要妈妈带自己睡觉。

汤圆和馒头是相差 1 岁半的姐弟俩。妈妈怀孕时，汤圆还不懂，等到弟弟降生后，家里大人们的注意力都转移到了弟弟身上，问题便出现了。大人在身边时，汤圆表现得特别乖巧，嘴巴也很甜，一旦没有人注意，她便欺负弟弟。

【沟通心理解读】

阿德勒认为孩子的出生顺序不同，人格会有一定差异。最大的孩子在出生后一直享受无微不至的关注，直到第二个孩子出生。此后他必须忍受先前只属于自己的关爱要被分享，地位相应地下降，及由此带来的强烈的失落感。这种独特的经验使长子可能变得没有安全感，对他人怀有敌意，性格专制和保守，他们成年后会表现得墨守成规，特别看重权位，善于维持秩序。

第二个孩子不会体会到长子体验到的冲突，同时也没有长子体验过的娇宠，成长的过程中通常不断地试图超越长子，他们具有野心、反叛和嫉妒心理。

最新研究表明，孩子的出生顺序与智商和人格并没有显著的关系，真正的影响因素是父母对于先后出生的孩子不由自主地采取了不同的态度和抚养对待方式，使他们经历了各自不同的早期环境。

【父母该怎么做】

老大记不得小时候大人们是怎么围着他转的，他能看到的，就是二宝出生后，大人们都在关注二宝。本来属于他的爱被抢走，甚至觉得二宝就是来抢他东西的，而所有这些，他最在乎的，就是父母的爱和陪伴。

对婴幼儿来说，父母是他们的全世界，为了避免孩子之间的冲突，尤其是减少老大的落差和老大对二宝的敌意，父母应安抚好老大，越喜欢二宝，越要给老大更多的偏爱。

儿童期的争宠

二孩家庭孩子间发生争执很常见，吃、穿、玩、学习，都可能引发一场战争，“我的鸡腿比他的鸡腿小”“哥哥打我”“这个玩具他已经玩了半天，该我玩了”“弟弟又把我的笔弄没了”“妹妹把我头发都弄乱了”……战争一时爆发，有可能从最初的吵闹，变成打架，让家里鸡犬不宁。

有些父母为了让孩子间的争执减少，尽量平等对待，但这种平等的观念灌输之后，反而引来孩子更多的比较。“你已经陪姐姐写了半个小时作业了，也要陪我玩半个小时。”同时，平等好像并不完全适用，给孩子相同数量的糖果、零食、衣服，仍然争执不断。老大不喜欢吃苹果，多少并无所谓，二宝喜欢潮酷的玩具，买衣服并不能让他开心。

【沟通心理解读】

父母认为给两个孩子什么东西都是平分、完全均等，就是不偏心的表现，孩子间的争执可能会少一些，但其实孩子对公平的认知是不一样的，对平等的理解也不一样。平等，意味着给自己的要被分出去了，孩子不需要一模一样的给予，他们需要的是独特的专属待遇。

孩子间经常会发生冲突，而冲突的解决，也是孩子寻求关注的方式。父母会习惯性地训斥某一方，但孩子间的冲突并没有减少，反而会让某一方持续受伤。若经常都是关注惹麻烦的孩子，也会让孩子认为这是吸引父母关注自己的方式，从而越发增加麻烦行为，寻求关注。

【父母该怎么做】

不要忧虑给孩子的东西是否完全平均，应充分关注每个孩子的个体需求，根据孩子的需求和喜好分配；不要跟孩子说给予他们的都是同等的爱，而应当向孩子展示对每个人独一无二的爱；给予孩子同样的时间、平等的关爱，反而会适得其反，应根据孩子的需求分配时间。

引导孩子自己解决冲突，不过度干预。在冲突处理中，别把注意力放在惹麻烦的孩子身上，而应放在被欺负的一方，及时给予他安慰和关爱；忽视惹麻烦的孩子，避免他用制造麻烦吸引关注。当孩子出现攻击性行为时，避免反应过激，采用训斥、暴力的方式解决，这样会给孩子提供解决冲突不好的示范。创造机会，让孩子互相了解对方的优点，帮助他们理解对方对自己的关照，增加亲密感。

青春期的争宠

小丽因为父母偏心弟弟，因此从小就觉得自己不优秀、不漂亮，特别自卑，也不打算恋爱和结婚，她认为自己只有努力学习和工作，才能让父母看见她的优点。当然，她这样做既证明了自己，也收获了幸福。只是，这个过程很艰难。

小伟和小兰是兄妹，某天小兰回家在房间里大哭，父母问了半天也不知道发生了什么事。第二天放学回家，发现哥哥小伟的脸上有块淤青，父母才知道原来昨天放学回家途中，小兰的几名同学欺负她，哥哥得知后，帮助了妹妹。小兰的情绪因此好转了，两人之间的沟通增多了，兄妹俩的关系也更亲近了。

【沟通心理解读】

多子女家庭，常出现父母偏心、孩子争宠的现象，父母偏宠某个孩子，会让他过度依赖父母，而对另一个孩子的内心造成创伤。对受宠的孩子来说，父母毫无底线的偏爱和溺爱，容易把他惯得骄横霸道、好吃懒做、自私自利，长大反而混得差。而受父母冷落的孩子，虽然会奋发图强，但内心已经受到伤害，即便长大有出息，内心仍旧有创伤。

在多子女家庭里，如果其中一个孩子突然表现得叛逆、不合作、情绪不稳定，那么就意味着父母需要跟他有一对一的沟通和陪伴，在轻松的氛围中，与孩子共同活动，探讨感兴趣的话题，逐渐去了解孩子最近的状态，从而引导其解决问题。另外，青春期阶段，孩子之间是很好的互助同伴，能更加理解对方，有时孩子之间的互相帮助更有效。

【父母该怎么做】

营造互相理解、支持的家庭氛围，父母要对孩子不偏宠、不溺爱，对两个孩子无偏向地支持和鼓励，避免在孩子间比较、批评、打压。孩子发生矛盾，父母可以冷静地观察，在未发生肢体冲突，或伤害行为之前尽可能不介入，让孩子在彼此互动和摩擦中完善相处之道。

若孩子长期未和好，父母需介入，分别与两个孩子沟通，跟孩子建立共情，理解孩子的情绪，帮助孩子看到自己的问题，思考问题如何更好地解决。与孩子共同商定，如果再出现类似的情况，该如何解决。

父母要成为孩子间互助的桥梁，引导孩子间成为互助的伙伴，孩子之间的代沟比父母与孩子之间的代沟小，更能互相理解。

沟通良方

多子女家庭中，孩子间关系的缓和是父母非常头疼的一件事。从二宝出生开始，孩子间的争宠、争执便出现了，父母需做好孩子的调和剂，让孩子间的敌意更少，互相理解、互相支持、互相帮助。

父母在家中需要营造良好的氛围，给孩子无偏向的关爱、理解和陪伴。婴幼儿期给两个孩子尽量公平的陪伴和关爱，发现孩子的差异、找到每个孩子的闪光点，给予每个孩子独有的支持；儿童期的孩子会产生为什么生二宝的质疑，要帮助孩子理解二宝是他们的伙伴、朋友，父母两个孩子都爱。此时孩子的兴趣基本形成，根据孩子的需求点，给予不同的满足，当孩子出现冲突时，尽量让他们养成自己解决问题的习惯；青春期的孩子已经形成了自己独立的个性，冲突长时间未缓和时，父母尽量引导孩子互相理解，让孩子之间能互相支持，互帮互助。

第五节　榜样：寻找榜样与成为榜样

榜样，是在人生不同阶段，能够给人们指引人生、成长的方向的人物。中国青少年研究中心于 2011 年 5 月在全国开展了少年儿童的偶像崇拜与榜样教育调查，调查对象为小学三年级至高中二年级的在校学生。结果发现：少年儿童的偶像近七成是明星；少年儿童的榜样中同学、同龄人最多；杰出人物对高中生最具影响力。

婴幼儿期的榜样

妈妈在家里打扫卫生、整理家务时，不小心撞到了茶几角，疼得大叫，3 岁半的小宇赶紧跑过来问："妈妈，你怎么了？"妈妈捂着腿说："刚才撞到茶几了，好疼。"小宇立马蹲下来，帮妈妈揉揉撞到的地方，又用嘴吹了吹："妈妈，我帮你揉揉、吹吹，马上就不疼了，抱抱，好了吗？"妈妈很惊讶，这一套都是平时小宇摔跤、撞到时，她安慰小宇的方法，孩子完全都学下来了。

小宇最近迷上了看小猪佩奇的动画片，他让妈妈给他买了双雨靴，说："下雨天可以踩泥坑，踩泥坑要穿雨靴。"每到下雨天，小宇就拉着妈妈出去踩泥坑，妈妈就陪着他在外面玩。

【沟通心理解读】

美国心理学家梅尔索夫的研究发现，刚出生 42 分钟的婴儿就能模仿大人吐舌头了。孩子的模仿能力非常强，父母是他们模仿的对象，父母怎么做，孩子就怎么学。父母自己的言行状态，是最有影响力的育儿神器。

爱看动画片，是孩子的天性。从动画片的角色中，孩子也能找到成长的榜样——小猪佩奇的语言表达、行为习惯，汪汪队的乐于助人，葫芦娃的团结，爱莎公主的魅力。在角色相关的动画、绘本中，孩子都能进行模仿。

【父母该怎么做】

父母是孩子最直接的榜样，也是最直接的模仿对象，父母要注意自己的言行举止，希望孩子成为什么样的人，自己就先要为孩子树立什么样的榜样。父母要在家中营造充满爱的氛围，尊重、理解、支持、关爱家庭的每个成员，与孩子共同成长。

在培养孩子各方面能力时，父母可以根据孩子的喜好，选择一个正面形象，孩子偏爱的卡通形象也可以，在看动画片、读绘本中，引导孩子与生活情景相结合，培养孩子的言行举止习惯。

儿童期的榜样

一位 6 岁的孩子帮妈妈卖卤菜的视频在网上火了，扣盖、抖袋、打包、放筷子、装袋，最后送到客人手里，动作娴熟，一气呵成，饿了吃一口凉面，有客人来了，赶紧吞一大口，继续帮妈妈干活。而且，他平时在家也很勤快，做完作业就主动给妈妈帮忙。

有个爸爸在考汽车驾照的考试中作弊，回家后对着妻儿兴致勃勃地大谈自己如何“机智勇敢”地躲过监考，并为自己如此通过了考试而庆幸。没想到时过不久，儿子作弊，被老师当场“抓获”。父母无意中的一个不当行为，就会被孩子效仿，结果一下就削弱了平时无数次的正面教育。

【沟通心理解读】

儿童期是一个人发展的关键期，相应的品德、智力、个性和能力发展，最容易受到环境和教育的影响。儿童期，每个男孩都本能地将父亲视为无所不能的偶像，模仿他形成自己的人格。小学生最为重视榜样的品德，英雄榜样往往被赋予崇高的品德，更容易获得小学生的认同。

身边的同龄榜样可亲、可信、可感、可学，更容易被少年儿童所接受和模仿。少年儿童选择的榜样往往是品学兼优的同学，如优秀学生、班干部。这些榜样往往有其人格魅力，如心地善良、关爱同学、有进取心、有毅力、有正义感等。少年儿童生活在自己的亚文化圈子里，同龄人之间相互鼓励，就形成了最好的榜样。

【父母该怎么做】

父母应以身作则，以良好的言行习惯影响孩子。营造良好的家庭学习氛围，给孩子树立好的学习榜样。保持浓厚的求知欲，会给孩子极大感染，激发孩子的求知热情。带孩子阅读名人自传，借助名人的智慧和力量影响孩子。

引导孩子看到身边同龄人的优秀，帮助他们看到同龄人身上的可以学习的品质，如关爱老人、孝敬父母、刻苦学习等。父母在帮助孩子寻找、树立榜样时，不仅仅是学习方面的榜样，更要重视品行方面的榜样。

青春期的榜样

TFBOYS组合成员王源，是联合国儿童基金会青年教育使者，他有自己的追求，积极阳光，考上了伯克利音乐学院，未来还想在音乐的领域继续深造，是众多青少年的榜样。

但后来，王源在北京一家日料餐厅吸烟的画面遭到曝光，很快，关于王源吸烟的话题在网络上发酵。作为经常出现在荧屏上的正能量青少年代表，他的部分粉丝还是未成年人，吸烟会引导不少青少年模仿，造成不良影响。王源也很快通过微博公开道歉："对不起……对自己造成的不良社会影响，我感到十分抱歉和愧疚，很抱歉我做了一个错误的示范……作为一名公众人物，我今后一定会更加注重自身的言行，希望大家不要效仿我的错误行为。"

【沟通心理解读】

很多明星是初中生的榜样。但孩子缺乏明辨是非的能力，明星的行为，都能成为青少年模仿的对象，现如今网络上经常爆出明星的负面新闻，对孩子都有不好的引导。

青春期孩子的职业理想开始萌发，文学家、艺术家及思想家、科学家更能激励初中生为梦想而奋斗。

【父母该怎么做】

青少年榜样大调查显示，90% 不是演员就是歌手。每个时代都有自己的榜样，要尊重孩子自己选择的榜样，但也要避免娱乐至上的氛围，明星的负面新闻，会对青少年成长造成负面影响。父母需要适当引导，引导孩子更多学习明星身上积极的品质，看到明星的才华，看到他们为成功所付出的努力，以及他们热心公益、帮助他人的品质。

青春期同伴的影响力较大，父母要找出与孩子同龄的榜样，对他进行激励与引领，同时帮助孩子看到自己身上的闪光点，鼓励孩子成为身边同学的榜样。

沟通良方

榜样可以给孩子提供言行举止的示范。榜样是孩子前进的方向和动力，激励孩子前行。榜样的树立和选取，是父母需要关注的重要内容。

孩子的榜样，多数是自己选取，父母需要进行恰当的引导。婴幼儿期，父母是孩子最直接的榜样，父母的表情、动作、沟通方式，都是孩子模仿的对象，父母要注意自己的言行、营造良好的家庭氛围；儿童期，是孩子习惯养成、品行形成的关键期，父母需要重视给孩子树立较好的榜样，在家中营造读书的氛围，找出孩子同龄的榜样，激励孩子成长；青春期的孩子，处于价值观建立的关键期，需要通过榜样的引导，帮助孩子看到榜样人物身上优秀的品质，也要鼓励孩子看到自己身上的闪光点，成为别人追逐的榜样，建立对自己、对未来的信心。

第六节　异性朋友：杜绝还是引导

在很多父母眼中，孩子与异性朋友的交往，都是“早恋”，会影响学习。父母严格禁止异性同伴在一起活动，容易导致孩子对异性产生神秘感，对性别角色缺乏合理认知，不利于心理的健康发展。同时，孩子也失去了与异性交往、学习的机会，对异性交往存在偏见，以后可能因缺乏与异性交往的经验，导致社会适应不良。

婴幼儿期的异性朋友

语嫣今年刚上小班，最近发生了一件让妈妈很头疼的事。和语嫣同组的小天，每天都会摸摸她的头发，牵牵她的小手，甚至抱抱她。有一次，妈妈在视频中看到小天上课时亲了语嫣，非常气恼，在家长群里说小天妈妈不好好教育孩子，乱亲乱抱，严重影响语嫣，小天妈妈回应说，孩子之间的打闹，有必要这么较真吗？两位家长就此大吵起来，最终老师出面协调，将两个孩子分在不同组，才解决纷争。

【沟通心理解读】

孩子在一起抱抱、亲亲，是表示友好的一种方式，表示的是

“我喜欢你”“你很可爱”，并没有性的成分在里面。孩子 3 岁以后建立性别意识，对异性产生好奇，会主动与异性交往。异性同伴间的交往可以帮助孩子分清男孩与女孩的差异，建立清晰的性别认知。孩子在玩过家家游戏时，也会以爸爸、妈妈互称，这些都是孩子对男女角色的认知过程。

孩子的异性朋友敏感期一般出现在 4 岁左右，也有的孩子在 3 岁多就会进入异性朋友敏感期最早的初级阶段，表现就是对自己父母的喜欢。大部分女孩会说要跟自己的爸爸结婚，而男孩则会说要跟自己的妈妈结婚。

【父母该怎么做】

父母应通过一些主题绘本和动画，引导孩子了解男孩、女孩的区别，告诉孩子在与异性同伴交往中，哪些隐私部位是不能让其他人触碰的。

孩子的异性交往，不要过于担忧，孩子用亲亲、抱抱的方式表达喜欢，父母无须反应过激。要逐步引导孩子对亲密行为的认知，提醒孩子尽量避免在异性同伴间用这样亲密的动作表达喜欢。

儿童期的异性朋友

小天平时很喜欢跟邻居家的小姐姐一起玩，两家的父母看到后，经常开玩笑称：“小天，这么喜欢姐姐，以后把姐姐娶回家吧。”他们也经常在孩子面前以婆婆、丈母娘互称，小时候俩孩子不在意，后来孩子逐渐长大了，父母们还这么开玩笑，俩孩子都不开心了，也不太愿意在一起玩了。

【沟通心理解读】

有些父母看到两个异性小朋友在一起玩，有意无意地撮合，对成人来说是个玩笑，但在孩子面前过早地引导，会影响孩子对异性朋友的认知，甚至对异性间的友谊形成偏见。

孩子 10 岁后，会萌生对异性的好感，但“异性好感期”的初期并不是表现出对异性的关注、喜欢，而是以一种相反的方式予以表达。比如，对异性表现出冷漠、轻视，有些男生甚至采取一些不友好的攻击形式。

【父母该怎么做】

父母给孩子做好引导，让孩子意识到异性间接吻、拥抱的亲密行为要等到成年之后，与自己的爱人才可以表达，避免让孩子接触到一些不良视频、图片，教育孩子保护好身体的隐私部位。

引导孩子认识到此阶段的男女交往属于正常的友谊，相互之间要有分寸、有节制、有礼貌，父母引导孩子多与同伴群体交往，不能只是单一地与某个异性同伴玩耍，鼓励孩子扩大交友圈。

青春期的异性朋友

洋洋今年初三，在班级里很受女同学欢迎。一次放学途中，妈妈偶然发现洋洋跟一个女生走在一起，有说有笑，妈妈顿时很紧张。第二天中午吃完饭，洋洋出门上学，妈妈悄悄跟了出去，发现昨天的女生在远处等着洋洋，还看到女生递给洋洋一块巧克力。初三，即将面临中考，妈妈非常担心洋洋早恋影响学习。回家后和爸爸商量，决定晚上开个家庭会议。

晚上吃饭时，爸爸借最近的同学聚会，跟妈妈谈论起以前上学时的经历，提到男生是如何在女生面前示好的，后来话题转移到洋洋他们班，问他同学们现在是不是也处于这个阶段了，洋洋说自己学校也有类似的现象。爸爸和妈妈借着话题，跟孩子讲了讲青春期的学习和异性相处，以及爸爸妈妈对他们这个阶段的担心。这次谈话之后，洋洋经常找机会和爸爸交流男女生相处的经验，聊聊未来的规划，洋洋的成绩不仅没有下滑，还有了提升，爸爸妈妈终于放心了。

【沟通心理解读】

青春期处于性意识的觉醒期，容易对异性产生好感，渴望认识异性，产生恋爱的懵懂，但心理不够成熟，会让他们变得注意形象、内心敏感、注意力不集中、过度关注有好感的异性。所以需要正面的引导，以此激发孩子的内在动力，互相学习、互相支持、互相促进。

青春期男女生的正常交往，可以促进孩子“爱商”的形成。爱商是指一个人对于感情的处理能力，是了解爱的本质以及正确接受爱和表达爱的一种能力。

父母过于干涉孩子的异性交往，会出现“罗密欧与朱丽叶效应”。罗密欧与朱丽叶效应是指干扰恋爱双方爱情关系的外在力量出现时，恋爱双方的情感反而会加强，恋爱关系也因此更加巩固。孩子为躲避父母的阻止，关系更加密切，反而影响学习，适得其反。

【父母该怎么做】

父母应了解孩子青春期的身心发展规律，理解孩子对异性产生好感是正常现象，接纳孩子的状态，营造和谐、温馨、理解、支持的家庭氛围，与孩子谈论情感的话题，引导孩子建立正确的交往观，掌握异性交往的礼仪。

父母要避免反应过激，与孩子坦诚交流，相信孩子。另外，鼓励孩子正常的异性交往，引导孩子树立正确的恋爱观、婚姻观，引导孩子认识到各个阶段的重心，鼓励孩子用恋爱激励自己努力，并激励双方在学习上共同进步。

沟通良方

异性同伴在一起活动，可以培养自由交往、自由发展的天性；有利于他们社会交往能力的增强，也有利于各自心理的健康发展。父母应合理看待孩子异性间的交往。

婴幼儿期，孩子的性别意识开始觉醒，会认识到男女生的差异，异性间的交往可以帮助孩子建立正确的性别意识，完善性别认知，父母需引导孩子保护自己的隐私部位；儿童期，孩子间的异性交往，有助于孩子建立健全交际关系圈，父母需要引导孩子认识到异性间交往属于正常友谊，要避免亲密行为；青春期，孩子的性意识觉醒，渴望认识异性，获得异性关注，父母需要给予孩子恰当的引导，避免反应过激，与孩子平和地讨论男女生的交往，引导孩子认识到异性交往的礼仪，引导孩子形成合理的恋爱观，异性间互相尊重、互相帮助、互相激励学习。

第六章
手机、网络的沟通：一念亲近，一念成恨

第一节　手机：沟通？学习？游戏

手机的普及，手机 APP 的开发，已让手机不仅仅只有打电话的功能，拍照、视频聊天、定位、购物、游戏等都是手机的功能。但手机带来的问题也较多，上课玩手机、与陌生人聊天、游戏成瘾、污秽视频传播……如果完全限制孩子玩手机，又切断了他们与外界的联系。如何恰当、合理地使用手机，才是最关键的。

婴幼儿期的玩手机

曾经有人做过一次调查：1000 名 0 ～ 5 岁孩子中，智能手机使用率高达 80.4%。其中，3 岁就开始玩手机的孩子占比达到 32.5%！

孩子闹腾时，需要人陪而父母也懒得陪伴时，就塞给他一部手机，拍照、听故事、看动画、玩游戏，瞬间整个世界都安静了，父母也省心了。殊不知，也就是这样的过程，手机也逐渐悄无声息地绑架了我们的孩子。

【沟通心理解读】

父母爱看手机、整日抱着手机，孩子一方面对父母整日玩手机、不陪伴自己感到恼怒，但看到父母对手机很着迷的样子，他们也很好奇，也学着父母去感受手机，于是在父母的指导和示范下，与手机建立了亲密的联系。

婴幼儿过多地使用手机，会导致孩子视力受损、引发很多眼部疾病，经常看手机，也会导致注意力不集中。

【父母该怎么做】

注意用眼习惯，增加户外活动。根据美国儿科学会的建议，不要给小于 18 个月的孩子看视频（视频聊天除外）；2 ~ 5 岁的孩子，每天看视频的时间要限制在 1 个小时以内，且中途需要休息。父母陪同观看，确保内容质量，辅助孩子理解内容。运用“20–20–20 ”法则：每观看电子屏幕 20 分钟，便把目光转向至少 20 英尺（约 6 米）远的地方，眺望至少 20 秒。

孩子表现出对手机感兴趣或玩手机比较在行时，如果采取“视而不见”的态度，就是对孩子产生了强化，鼓励了孩子玩手机。父母是孩子最好的榜样，父母在孩子面前要减少使用手机的时间，多陪伴孩子，给孩子讲故事、读绘本、玩亲子游戏，提高亲子陪伴的质量。

儿童期的玩手机

程程今年三年级，很喜欢玩手机游戏，程程的妈妈也喜欢用手机玩游戏，程程经常坐在她旁边看她玩游戏，程程的爸爸也喜欢玩手机，他喜欢用手机看视频、看新闻。一个周末，程程的妈妈在做家务，程程拿着妈妈的手机玩起了游戏，妈妈时不时地过来，看到程程的游戏玩得比她还厉害，时不时地夸赞：“程程，你这游戏玩得真好，比我还厉害。”

程程的爸爸看到程程已经玩了很久手机，怒吼道：“就知道玩手机，赶紧写作业去。”程程回答：“妈妈让我玩的，你不也在玩手机吗？”爸爸提高音量：“我是大人，等你工作了，你也随便玩！”随之又训斥程程的妈妈：“整天就知道带他玩游戏，也不辅导他写作业！就晓得玩！”程程的妈妈也生气了：“玩手机怎么了，游戏还能锻炼他的思维呢，你吼，你怎么不辅导他写作业呢？”……因为玩手机，程程家经常发生这样的争执，程程每次都是在父母的争吵声中恹恹地去写作业。

【沟通心理解读】

父母对孩子教育观念不一致，经常在孩子面前发生争吵，会导致父母的教育权威被削弱。孩子会选择利于自己的一方建立同盟，就像程程选择了跟妈妈亲近，与妈妈一起站在爸爸的对立面。孩子对父母任一方不认同，都会导致内心的冲突，因为父母原本就是孩子的权威，但长期的冲突与对立，会让孩子内心产生矛盾，这一矛盾伴随孩子的成长，会影响孩子的人格发展。

手机使用太多会导致眼部疾病，孩子经常玩手机，活动的参与会减少，影响身体发育，可能让他们变得越来越孤僻、不愿与外界交往。适度使用电子产品可以帮助孩子训练手脑协调能力，帮助孩子提升对于细微事物的观察能力，拓展孩子的空间想象力与思维能力等，还能开阔视野，收获高质量的知识信息。

【父母该怎么做】

父母之间有冲突是正常现象，但要避免在孩子面前吵架，尤其是与孩子有关的话题，更要私下沟通。关于孩子的教育、手机使用等，父母在孩子面前要达成统一，不能在孩子面前拆对方的台。父母之间需互相支持，共同教育孩子，让孩子能够接纳父母双方，孩子与父母都能亲近，父母都能参与孩子的陪伴、教育、游戏，互相的抱怨也会减少。

父母需与孩子真诚沟通，倾听孩子的表达，了解孩子使用手机的目的，设置使用手机的规则。给孩子选择合适的、适合孩子的 APP，避免使用粗制滥造、有成人画面的 APP，最好能有父母设置页面，能够设置孩子的使用时间，同时能有学习进度和学习结果的反馈。

青春期的玩手机

山西太原某中学 15 岁的学生小刘，因为在课堂玩手机，被班主任老师发现后没收。谁知当晚 10 点，小刘竟然在家跳了楼！深圳宝安一位初中生，因为上课玩手机，老师告诉了父母，父母批评了几句，他一气之下，选择了跳楼。四川绵阳一位中学生，因为放假天天在家玩手机，被父母批评教育，竟然留下一条“爸妈，永别了”的短信。

【沟通心理解读】

国内外的相关研究指出，每天在手机辐射下超过10小时，可引起神经内分泌功能紊乱，导致注意力不能集中。年轻女性甚至会引起生理周期紊乱。15～19岁的青少年每天使用手机7小时以上，容易出现头疼、焦虑、注意力不集中等问题，还会使得个体逐渐疏远现实生活中的家庭和朋友，表现出更多的孤独感、抑郁和焦虑，人际关系恶化，社交恐惧症加剧。手机传递的信息良莠不齐，也不利于学生树立正确的价值观。

青春期的孩子，有强烈的自主渴望，重视自尊、好面子，一味地控制、制止、批评只会让孩子产生逆反心理，甚至觉得父母不理解自己，从而产生极端行为。

【父母该怎么做】

父母需要多关注孩子的状态，给予更多的陪伴和支持，孩子使用手机时，了解孩子为什么使用手机，给孩子一定的空间和自由。

父母与孩子沟通时需以比较平和的状态，引导孩子正确看待手机的使用，避免过多地使用手机影响学习和正常的社交。站在孩子的角度理解孩子，与孩子平等、轻松地沟通，教会孩子应对挫折、宣泄情绪的方法，避免孩子选择在虚拟世界中释放自我，逃避现实。

沟通良方

手机的使用，可以带来很多便捷，帮助父母尽快地联系到孩子，帮助孩子与同伴交往，帮助孩子掌握更多的知识，但过多的使用，也会带来伤害，损伤视力、影响专注力。因此，父母要给孩子适当的引导。

婴幼儿期，尽量避免使用手机当作陪伴、安抚孩子的神器，以父母高质量的陪伴和亲子游戏为主；儿童期，给孩子设置使用手机的时限，帮助孩子选择合适的 APP，夫妻双方达成教育孩子合理使用手机的共识，避免在孩子面前发生争吵，树立双方的权威；青春期，需要给予孩子更多的自主空间，平和地引导孩子对手机的使用，避免与孩子发生冲突，引导孩子合理地宣泄自己的情绪。

第二节　网游：坚决杜绝还是一起玩耍

随着互联网和手机终端的发展，成瘾性网络游戏、邪恶动漫、不良小说、互联网赌博等不断出现，造成一些中小学生沉迷于游戏，产生行为失范、价值观混乱等问题，严重影响了中小学生的学习和身心健康，甚至出现人身伤亡、违法犯罪等恶性事件。为切实做好预防中小学生沉迷于网络教育引导工作，有效维护中小学生身心健康和生命安全，2018 年 4 月教育部发布了《关于做好预防中小学生沉迷网络教育引导工作的紧急通知》。

2018 年 8 月 30 日，教育部等 8 部门关于印发《综合防控儿童青少年近视实施方案》的通知，为防控儿童青少年近视提出多项实施方案，包括实施网络游戏总量调控；控制新增网络游戏上网运营数量；探索符合国情的适龄提示制度；采取措施限制未成年人使用时间。

婴幼儿期的网游

瑶瑶今年 3 岁半，她已经有了自己的专属平板，平板上下载了很多 APP。瑶瑶的父母很喜欢玩游戏，平时下班回家经常捧着手机玩游戏，瑶瑶在旁边哭叫，他们就把瑶瑶抱在怀里看他们打游戏。瑶瑶小的时候，睡觉的时间比较多，他们就在瑶瑶睡着后玩。后来瑶瑶的觉没有那么多了，他们就给瑶瑶配了个平板，教她看视频、玩游戏，现在瑶瑶就喜欢抱着平板，自己会调视频，也会下载 APP，会玩平板上的游戏。

瑶瑶的父母很开心，因为给瑶瑶下载的都是与幼儿相关的 APP，孩子下载的、看的、玩的也是这一类，他们觉得孩子在玩的过程中懂了很多，歌曲会唱了几首，知识面也拓展了一些，他们自己也不被拘束了。

【沟通心理解读】

幼儿的模仿、学习能力很强，看父母玩游戏，他们很快也会模仿，知道在平板上点点、划划，就可以看动画、玩游戏，再点点、划划还可以调出新游戏。幼儿在看动画、玩游戏中，锻炼了认知思维能力、手指灵活度，潜移默化也会学到一些知识。

但他们最需要的还是父母的陪伴，平板会给幼儿带来一些乐趣，这样的乐趣与父母的陪伴、关爱相比，还是有所欠缺，经常盯着平板，也会导致视力受损、注意力不集中。

【父母该怎么做】

父母需重视对婴幼儿的陪伴、照料，平板的陪伴少了人性的关怀。孩子长期对着平板，缺少与成人的沟通，缺乏父母的关爱，行为习惯、表达能力都得不到锻炼。父母需要多花些时间，耐心陪伴孩子玩一些亲子游戏，给孩子讲故事、读绘本。

婴幼儿的动画、教育游戏 APP，确实可以让孩子学到一些知识、锻炼认知思维能力，父母可以有选择性地让孩子接受相关的学习，但也要有时间限制，孩子每天对着手机、平板不能超过一个小时，以防影响视力、注意力的发展。

儿童期的网游

网上曾流传一封“留守儿童”写给捐赠志愿者的信：“叔叔，我不喜欢你们带来的东西，我想要一部可以打王者荣耀的手机。或者以后你们给我钱，我们自己买喜欢的东西……”

有报道称，南京一小学生玩游戏 14 分钟，花掉 4 万元；商丘市一孩子玩腾讯游戏充值 1 万多元；江苏 11 岁男孩让自己的奶奶刷脸获取验证码，打赏主播花掉了家里 40 万元房款；山东济南一名 12 岁男孩用胶带复制父母指纹后在游戏里充值 30 万元。这些熊孩子对于游戏的热衷使其不惜盗用父母的账户进行充值，甚至还发生了孩子玩游戏充值，因充值费用讨要不回来，家里发生争执，孩子跳楼身亡的事件。

【沟通心理解读】

网络游戏中阶段性的升级强化，满足了孩子的心理需求，孩子在日常生活中得不到的奖励、实现不了的目标，从游戏中得到了替代性的满足。父母如果一味地指责、训斥，孩子只能从游戏中得到快乐，反而强化了孩子游戏的快乐体验。缺少教育、引导、关爱的儿童，尤其是留守儿童，更容易沉迷于游戏，倾向于从游戏中获得快乐。

孩子间互相攀比，也会有一些玩游戏的攀比、竞争，导致儿童群体间网络游戏的盛行。另外，有些孩子也因缺乏道德观念、金钱观念，分不清游戏币与现实中金钱的差异，而在父母不知情的情况下给游戏充了值。

【父母该怎么做】

父母在平时的教育中，需要给予孩子更多的关爱、支持、理解、鼓励，孩子在生活中获得关爱、鼓励，就会减少从游戏中寻求相应的体验。营造和谐、温暖的家庭氛围，避免争执的氛围造成孩子压力过大，只能从游戏中寻求释放。父母需与孩子商定玩游戏的规则，限定时间，了解孩子在玩什么游戏，尽量减少游戏带来的负面影响。

创造机会让孩子理解金钱的概念，带孩子体验生活，理解金钱一分一毫来之不易，了解文具用品、生活用品、食物、衣服的价格，对钱物消费有直观的理解。

青春期的网游

数据显示，2018 年国内网络游戏用户规模达 6.51 亿人，其中青少年用户已超过 2 亿人。

2018 年 8 月 30 日，一名 13 岁的南通少年坠楼身亡。少年之死，被其家属归因于一款名为“吃鸡”的游戏。孩子在坠楼前一直在玩这一游戏，游戏中的场景都是写实风格的画面，游戏角色经常直接从高处跳下，也不会直接死亡，只是生命值稍微损伤。少年从小喜欢模仿，坠楼很可能是模仿游戏的行为，分不出虚拟和现实。

【沟通心理解读】

网络游戏是青少年逃避现实的一种方式，青春期的孩子，经历着由儿童向成人的转变，经历着身体的成熟而心智不够成熟的冲突，学习、生活中经历着前所未有的压力，尤其是存在家庭矛盾的孩子，沉浸在网络游戏中，可以让他们忘记现实的痛苦，甚至导致他们分不清虚拟和现实的情况。

网游是青少年之间互动交流的一种形式，青少年沉迷于网络游戏中虚拟的快乐，减少了在现实世界中与父母、老师、同学的沟通交流，这不利于青少年的身心健康发展，也极容易在这种情况下迷失方向。

【父母该怎么做】

父母可以主动了解孩子感兴趣的、正在玩的网络游戏，与孩子建立共同话题，客观地看待游戏，甚至可以每周抽出一些时间和孩子一起玩两局游戏。在游戏的互动中，缩小代沟，拉近亲子之间的关系，与孩子商量好玩游戏的时间，确保游戏不影响学习，只是将游戏作为一种娱乐消遣。

合理引导青少年使用教育学习的游戏 APP，让孩子在教育类游戏中获得乐趣、释放压力、实现自我的认同，同时锻炼认知思维能力，增强团队合作能力，促进孩子在快乐游戏中学习、成长。

沟通良方

网络游戏的盛行，有利也有弊，父母需要合理看待。既要能看到长期沉迷于游戏可能造成的视力受损、注意力缺乏、沟通能力受限等负面影响，也要能看到孩子从游戏中体验的快乐、自我认同、思维能力的锻炼等。

在婴幼儿期，父母需要尽量避免在孩子面前玩游戏或通过游戏止哭，应以父母的陪伴、玩耍为主，控制孩子接触电子产品的时间；儿童期，父母需要给予孩子充分的关爱、鼓励、支持，避免只能从游戏中寻找快乐、从游戏中获得自尊满足的现象，了解孩子所玩游戏，及时引导，防止产生负面影响，帮助孩子理解金钱的观念，避免巨额充值事件的发生；青春期，父母可以利用游戏，与孩子建立沟通话题，在轻松的氛围中，与孩子商定玩游戏的规则，尽量不因游戏影响学习，帮助孩子寻找合适的教育类游戏，让孩子既能游戏，也能学习。

第三节　网络成瘾：戒断沉溺

2018年，世界卫生组织在第11版《国际疾病分类》中，将“游戏成瘾”正式列为“成瘾性精神障碍”的精神疾病之一，其相关症状包括无节制地沉溺于游戏；对玩游戏的频率、时长、强度等缺乏自制；因游戏而忽略其他兴趣爱好和日常活动；明知游戏对学习、生活产生了负面影响却仍沉溺其中；症状持续至少12个月等。

根据中国青少年网络协会第三次网瘾调查研究报告，中国城市青少年网民中，网瘾青少年约占14.1%，人数约为2404.2万；在城市非网瘾青少年中，约有12.7%的青少年有网瘾倾向，人数约为1858.5万。

婴幼儿期的网络成瘾

初为人父母的家长，还未适应父母的身份，婴儿的哭闹、经济的压力、生活的负担、夫妻的磨合、工作的压力，成了一些新手父母无法面对、解决的多重困扰，有时便在网络游戏中逃避现实，甚至沉迷其中无法自拔。

由于婴幼儿年龄偏小，其网络成瘾现象较少，本文不再论述。

儿童期的网络成瘾

小旭是一名小学四年级的男生，学习成绩处于班级中下游，平时话很少，说话声音也很小，但很喜欢玩游戏。最近一段时间老师发现小旭经常上课走神，有时还偷偷玩游戏。经过了解才知道，小旭的父母最近正在闹离婚。

小旭从小就在父母的争吵声中度过，他们情绪好时，会来看看小旭学习，情绪不好时，对他几乎不予理睬，有时还把他当成出气筒。每次出成绩时，家里基本都会有一场大吵。小旭自从玩了游戏，发现可以忘记周围的一切，一开始只要有烦恼就玩游戏，现在已沉迷且不能自拔。

【沟通心理解读】

过度沉迷于游戏会影响孩子的身心健康、认知发展、社会适应能力等。而孩子沉迷于游戏一般也有相应的原因，比如，家庭氛围紧张、学习压力过大、父母经常训斥、父母于孩子教育监管的缺失等，孩子不得不在网络中逃避现实。

孩子缺乏对自我的控制能力和管理能力，若父母对孩子的监管缺失，会让孩子失去学习自我管理、自我控制的机会。父母与孩子商定了的计划、行为规则，必须严格执行，父母也应当给孩子树立典范，做到“言必行，行必果”。

【父母该怎么做】

父母应理智、客观地看待孩子玩游戏的情况，不能盲目地认为孩子玩游戏的时间一长就是网络成瘾，而过度焦虑对待孩子网络的使用，强制阻止孩子接触网络游戏，因为这反而会造成孩子的逆反心理，偷着也要玩。给孩子适当的机会接触网络游戏，对孩子也是一种放松和脱敏，也能防止孩子过度渴求而沉迷其中。

营造温馨、和谐的家庭氛围，父母保持稳定、平和的情绪状态，避免过多地批评、打压孩子。引导孩子掌握一些情绪调整的技巧，比如，深呼吸、运动、倾诉等，让孩子在受挫时能有疏解的渠道，不是一味地在网络中逃避现实。

父母需与孩子商定玩游戏的时间规则，并温柔而坚定地执行。在孩子玩游戏快要到时间时，可以及时提醒，坐在孩子旁边，让孩子看着自己，平和地与他沟通："今天的游戏时间已经结束。"如果是联网游戏，等他这一局打完及时结束。

青春期的网络成瘾

"网络成瘾"概念最早由国外学者葛尔·柏格提出，其后诸多研究证实了这一现象的存在。国内学者崔丽娟编撰的《青少年网络成瘾量表》形式简单、易操作，可供大家自行评估一下自家孩子是否已存在网络成瘾现象。具体如下。

1. 通过逐次增加上网时间获得满足感。

2. 经常不能抵制上网的诱惑，一旦上网很难下来。

3. 下网后总难以忘记上网时所浏览的网页、聊天的内容等。

4. 不上网时会很难过，并想方设法寻找上网的机会。

5. 停止使用互联网时会产生消极的情绪体验，如失落感和不良的生理反应。

6. 每次上网实际所花的时间都比原定时间要长。

7. 为了上网而放弃或减少了重要的娱乐活动、人际交往等。

8. 有时，为了上网而放弃了学习和上课。

9. 对家人、朋友和心理咨询人员隐瞒了上网的真实时间与费用。

10. 将上网作为逃避问题和排遣消极情绪的一种方式。

11. 总嫌上网时间太少，不能满足要求。

12. 长期希望或经过多次努力减少上网时间，但未成功。

在参考以上问题进行自我评估或父母评估时，若对其中 8 个问题都反馈了肯定回答，一般则认为有较强的“网络成瘾”倾向，需给予足够重视，必要时可寻求专业人士的帮助。

【沟通心理解读】

网游成瘾者在沉迷于游戏的同时，还会引发很多其他问题。严重的，分不清现实世界和虚拟世界，无法控制自己的沉迷行为，甚至出现极端行为；过度游戏还会导致多动症、抑郁症、精神分裂症等；也有些青少年长期沉迷于网络，出现不能面对现实世界、社会适应困难的症状，甚至发生应对失能，从而被边缘化。

好的家庭环境对青少年具有保护作用，温馨的情感氛围、轻松的沟通环境和民主、和谐的家庭，可以帮助孩子减少孩子网络沉迷行为的发生。

【父母该怎么做】

父母应避免在家庭中以冲突、争执的方式处理分歧，避免将孩子卷入冲突之中。在家中形成民主、平等的沟通氛围，与孩子共同协商每周玩游戏的时间，对于商定的规则需坚定地执行。

与孩子共同学习一些克服网络成瘾的方法，比如，认知行为疗法。帮助孩子改变“我很糟糕”“我无法控制自己”等不合理信念，与孩子一起分析、罗列经常上网的好处与坏处，促进孩子时刻提醒自己，引导孩子学会自我暗示，相信自己能控制上网的冲动。

如果父母已经无法帮助孩子从沉迷于游戏的状态中走出来，孩子也符合成瘾标准判断，要及时求助专业的心理治疗机构，并给予孩子足够的情感支持，帮助孩子从成瘾状态中走出来。

沟通良方

无论是儿童、青少年还是成人，网络成瘾都会带来较多的负面影响，过度沉迷于网络，与现实生活脱离，认知思维能力、社交能力的发展都受影响，因此需及时进行疏导治疗。

父母对于孩子接触网络游戏，需保持冷静、理性、客观的态度，避免过度焦虑而强行阻断他们与网络的任何接触。与孩子商定玩网络游戏的时间规则，并做好孩子的榜样，控制自己玩手机、玩游戏的时间。温柔而坚定地对孩子执行规则，确保规则的落实。帮助孩子掌握情绪疏导、压力和挫折应对的方法，避免在网络中逃避现实。当孩子出现网络成瘾倾向时，要通过专业的方法，帮助孩子逐渐摆脱沉迷，严重的网络成瘾现象，父母需及时带孩子寻求专业的心理治疗，帮助孩子从成瘾状态中走出来。

第四节　流行语：缩小代沟的媒介

网络让人与人的交流变得更加便捷，随之而来的网络语言，也被一代一代青少年广泛使用，网络流行语新颖、幽默，但父母经常不知所云，形成了父母和孩子之间沟通的障碍。

婴幼儿期的流行语

小米今年刚上幼儿园，与幼儿园同组的几位同学都成了好朋友，每次回家都会讲一讲今天在学校跟好朋友一起上课、吃饭、游戏的场景。今天放学后，小米一直在唱歌，说她的好朋友小福在学校一直唱，她也就学会了。

小米在家一直唱，爸爸妈妈查了半天，也没查到什么歌。过了几天，偶然间，爸爸发现了是一个短视频的配乐。从那之后妈妈发现小米时不时地唱着跟同学新学的歌，而这些都是短视频上的热门背景音乐。

【沟通心理解读】

孩子在 3 ～ 6 个月阶段，为无意义音节的发音阶段，如“咿咿呀呀”等；6 个月开始模仿 p、b、m 的发音，会发出“爸爸”“妈妈”等双唇音；1 岁以后，孩子掌握了简单词语的发音，掌握了较多的日常基本词汇，逐渐从词语表达句子的含义过渡到简单句的表达；从 2 岁开始，孩子掌握了句子的表达，并开始学会用语言进行评价；3 ～ 4 岁的孩子愿意与他人交谈，能掌握丰富的词汇，句子的表达也大量增加；4 ～ 6 岁是孩子语言综合表达能力发展的阶段，语音、语法、词汇、语言的表达能力都得到很大发展。

孩子的模仿能力很强，父母在浏览网页、看网络视频时的话语，一起观看的孩子都会进行模仿。

【父母该怎么做】

父母在平时的吃饭、穿衣、洗澡、游戏等活动中，多与孩子互动，帮助孩子理解语言对应的物品、动作，强化语言环境，引导孩子多模仿自己说话，将孩子说出来的单词拓展成句子反馈给孩子，帮助孩子理解。

父母需要多陪伴孩子，经常与孩子通过对话、提问、丰富的表情言语反馈、绘本故事等，为孩子提供丰富的语言素材。在孩子表达时，给予积极的鼓励。父母带孩子时，尽量避免在孩子面前频繁刷视频，孩子没有辨别力，看到的、听到的都会模仿，尤其一些危险、暴力的镜头更要尽量避免。

儿童期的流行语

四年级的小童，最近回家跟爸爸妈妈聊天时经常讲起在学校的经历，时不时地穿插几个英语单词在里面，妈妈开始觉得小童可能是在学老师教他们在生活场景里用的英语单词。但经过几次后，妈妈觉得很奇怪，问小童怎么回事。原来这是他们同学之间流行的一种表达方式，他们觉得这很好玩。

听完小童的解释，妈妈自叹老了，不知道他们这些新奇的表达。小童听妈妈这么说，越发兴奋，跟她讲了很多在学校里学到的新词。妈妈边听边笑，小童也很开心，很久没有跟妈妈这么开心地聊天了。

【沟通心理解读】

孩子对于网络流行语的认知，一方面是通过家庭中家人的使用；另一方面，因为网络的接触在儿童同伴群体的流行，孩子出于模仿的心理，形成了流行语表达的氛围。父母对流行语的接纳态度，也促进孩子对流行语的使用。

由于接触网络的差异、家庭使用流行语的差异，许多孩子在入学之前，接触到的同龄孩子并不多，网络流行语的使用存在差异，这导致同伴间的沟通、理解存在差异，有些不太了解流行语使用的孩子还会被视为异类人，甚至被孤立。

【父母该怎么做】

父母不必对孩子使用流行语产生担忧，更不应横加干涉、阻止使用，父母应更多地理解孩子。孩子使用流行语是孩子之间沟通的方式，是他们抒发情感的新方式，也是创造性的表达的过程。

父母放下面子，坦言自己对孩子所使用的流行语的不了解，与孩子以此为话题，可以进一步了解孩子在学校的学习生活和孩子的同伴关系情况，对孩子的心理状态也会有更多的了解，拉近亲子关系。

青春期的流行语

2020 年 7 月 23 日，中国发射“天问一号”火星任务探测器，央视网微博发布一条微博，“90 后”网友一片惊呼：“火星文！”——这是属于他们的青春回忆！

现在有许多符号和文字，看着让人摸不着头脑，但它们已经成了“00 后”广泛使用的语言，“nss”的意思是“暖说说”，但父母看了基本不知所云，不明白他们的交流内容和表达的思想，甚至瞎猜含义对孩子进行训斥。伴随着他们的成长，这些网络流行语已逐渐被更多群体熟知。

【沟通心理解读】

青少年使用流行语，一方面彰显自己作为新时代、新群体的独特性，形成属于自己这个群体的独特文化；另一方面，流行语多使用在同伴之间，他们用流行语交流，也是将自己划入这个群体中，与同伴群体保持一致，同伴之间的交流也更富有乐趣。

青春期的孩子处于情感懵懂期，他们将自己懵懂的情感通过网络语言的转换后，在个人空间、日志中表达，更隐秘也不容易被发觉，同时也达到了情感发泄的效果。青春期孩子的逆反心理使他们不愿用传统的规范化语言进行表达和沟通，用流行语能显得自己更加随意和个性。

【父母该怎么做】

父母应对孩子使用流行语保持开放、宽容的态度，而不是严令禁止、杜绝使用，需要理解孩子使用流行语表达的含义，并能主动了解、学习、掌握一些孩子经常使用的流行语，与孩子的沟通中偶尔使用这些流行语，可以拉近与孩子之间的距离。

父母需对网络流行语有所了解和甄别，对这些流行语进行解码，把握孩子目前的心理动态，对具有负能量的、消极的网络流行语能及时提醒和引导，避免其对孩子产生负面影响。

沟通良方

流行语是一个时代的沟通文化，是群体身份的象征，是情感的宣泄与表达。网络的便捷，也促进了流行语的盛行。

父母在与孩子的沟通中，对流行语的使用持接纳的态度，有利于拉近和维系亲子关系。父母主动地了解流行语，向孩子求教的过程，有利于进一步了解孩子的状态及同伴关系，与孩子在沟通中偶尔使用流行语，也会拉近与孩子之间的距离。但需要对孩子有所引导，避免孩子模仿负能量、暴力内容。

第七章
挫折中的沟通：也无风雨也无晴

第一节　孤立：走自己的路，让别人“无路可走”

人是群居动物，都有社交的需要，但有调查发现，5%～6%的孩子曾在上学时被其他孩子孤立，甚至因此而恐惧上学。这样被孤立的经历，如果处理不当，很可能成为孩子一生的创伤，对其往后与人的交往都会产生影响，甚至有人因此变得孤僻、抑郁，出现极端行为。

婴幼儿期的孤立

小区游乐场里几乎所有的小朋友都愿意跟珠珠玩，珠珠很小时就经常被带到游乐场来。妈妈教她主动介绍自己，和小朋友互相认识，引导她热情和别人打招呼，带着零食、玩具和大家分享。珠珠无论在哪里碰到了认识的人，都会大声、热情地打招呼，追着和大家一起玩。

小胖跟珠珠同龄，住在同一个小区，小胖由奶奶带，因为比较重，奶奶抱不动他，很少带他下楼玩。等到会走、会跑时，奶奶带他到游乐场，小胖也是黏在奶奶身边，不会主动与小朋友一起玩，偶尔与小朋友在游玩中发生争执，他奶奶也立马上前制止、训斥，小胖至今也没有特别要好的朋友。

【沟通心理解读】

孩子最开始通过物品交换和分享与他人建立友谊关系，逐渐倾向于和有共同兴趣爱好的伙伴建立更长久的友谊，这些都属于一对一的人际关系。孩子从 5 岁开始进入人际交往敏感期的第三个阶段，从单一的一对一关系发展到个体与小群体之间的关系。在这样多元的关系中，孩子社交技能的逐步积累为成人后与集体、社会的关系打下基础。

父母对于孩子交往的态度、是否教给孩子交往的技能，会影响孩子同伴友谊的建立和维系。防止孩子受伤而不让孩子与其他小朋友一起玩，溺爱孩子、不让孩子受一点儿委屈，觉得哪位家长跟自己教育理念不合，就不让他家孩子与自家孩子一起玩，这些都不利于孩子建立友谊。

【父母该怎么做】

父母需要创造机会，引导孩子融入小集体，从两人好友，逐渐尝试 3 人的小集体，再尝试融入更多的人。给孩子主动接触小朋友的机会，教给孩子与朋友相处的技巧。

在孩子出现矛盾时，若不涉及身体伤害，不需要立即上前制止、训斥，给孩子自己处理问题的时间和空间，让孩子在矛盾处中逐渐掌握群体交往的技能，培养孩子合群的特质。

儿童期的孤立

元元是一名小学三年级的学生，因为父母对自己管得太严，几乎不接触网络、游戏，对同学们所谈论的内容一概不知，班级同学跟他找不到共同语言，同学们逐渐孤立了他。

回家后父母跟元元了解在学校的情况，元元告诉他们没人跟自己玩，元元的爸爸立马让他自己找找原因，元元说同学们谈论的他都不知道，元元的妈妈对他说，那些不知道也罢，不当朋友也罢。

【沟通心理解读】

孩子在 6 岁左右开始确立自我意识，并形成了清晰的群体观念，都有社交需求。在学校的群体中，有些孩子表现欲强，以自我为中心，有好胜心；有些孩子比较内向、自卑；有些孩子表现出一些与群体都不一样的行为特征，比如，不讲卫生、过胖、爱发脾气等。那些被孤立的孩子，往往具有独特的行为或躯体特征，在孤立他人的群体中，也会有一两位比较强势的同学，利用本人的影响力，鼓动他人孤立、排挤他们看不顺眼的人。

孩子被孤立有很多原因，可能是身形、体貌特征，可能是家庭背景，可能是独特的行为习惯，甚至可能因为经常被老师表扬。被孤立对待的方式也有很多，所有人都不跟他说话，小组活动没有人愿意接纳，座位抽屉里被塞垃圾等。而孤立他人的人，往往将孤立视作对他人的惩罚，试图控制、压制对方。

【父母该怎么做】

父母需要多关注孩子的状态，及时发现孩子的不寻常之处。若发现孩子被孤立，应先安慰孩子，抚慰他的状态，告诉孩子父母一定会支持他，帮助他走出困境。

父母和孩子一起探讨、分析可能导致孩子被孤立的原因，一起商量解决方案，帮助孩子做出调整，培养孩子的自信心和沟通技能。若孩子自己的尝试没有效果，父母可以帮助孩子建立同盟，通过组织家庭聚会、约其他家庭一起出游的方式，帮助孩子先交到一两个朋友，再逐步改善被孤立的情况。同时也可以寻求老师的帮助，请老师引导同学们认可、接纳孩子。

青春期的孤立

小文是一名初二的女生，平时学习非常认真，班主任老师经常在班级同学面前表扬她，让所有同学都向她学习。有一天，小文发现自己忘记带橡皮了，跟同桌借，同桌说自己也没有带，在周围借一圈，结果都没有借到。她才意识到同学们都在刻意疏远自己，上学途中、课间、体育课，没有一位同学愿意理睬自己，甚至有位女生直接说：“你去告诉老师啊！”

小文不知道自己做错了什么，课间就到操场上跑步，快上课时才进教室。有一次还被班主任叫到办公室谈话，被质问为什么不合群。老师让她不能只顾学习，不交朋友。小文尝试着与同学说话，却仍然被孤立，只能自己躲在被窝里哭泣。

【沟通心理解读】

被孤立的孩子会有强烈的负面情绪体验，恐惧、愤怒、内疚、自责、自我否定、抑郁，同时可能会出现失眠、厌学、自残、自伤，甚至自杀的极端行为。而这样的负面体验和经历变成成长的创伤，对以后的人生都会产生影响，可能会在社交中更加小心翼翼、独来独往，甚至为讨好别人，丢失了自己。

约翰斯·霍普金斯大学的莎朗·金教授及其研究团队发现，对于那些原本就特立独行、觉得自己“与众不同”的人们来说，遭遇社会拒绝，恰好印证了他们对于自己的看法，从而激发了他们的创造力。

【父母该怎么做】

父母需要关注孩子的状态，在得知孩子有被孤立的情况后，不能一味地指责、批评，让他从自己身上找原因，要平心静气地坐下来，倾听孩子讲述他的经历，及时地给予孩子拥抱和安慰，给予孩子理解、支持，帮助孩子找到可能被孤立的原因，能改变的及时改变。

若父母和孩子探讨发现，孩子被孤立的原因是因为各方面都做得出色，需要帮助孩子调整好心态，适当低调，接纳自己，同时也让孩子看到自己的优秀、自我肯定。

沟通良方

被孤立可能会导致孩子一生的创伤，自卑、自我否定、社交恐惧、抑郁，甚至出现自残、自伤、自杀等极端行为。因此，父母需要帮助孩子进行疏导。

父母需在孩子的成长中，教会他们一些基本的人际交往技巧，培养孩子的自信、同理心和分享意识。发现孩子被孤立时，要能以平和的心态倾听孩子的表述，理解、支持、安慰、鼓励孩子，与孩子一起分析被孤立的原因，探讨解决方案，通过家庭联谊活动，帮助孩子结交稳定的朋友。

第二节　霸凌：孩子如何自我保护

互联网公开数据显示，全世界每年有2.4亿学生遭受过校园霸凌，比例高达学生总数的32%。根据腾讯对校园霸凌公众认知调查报告的公开数据，在3.6万多名受访者中，超过一半的人经历过校园霸凌，有1/4的受访者欺负过别人，绝大部分霸凌者也都被别人欺负过。受访者中38.2%的被霸凌者彻底放弃学业，30%的被霸凌者转学到其他学校，24.6%的被霸凌者短期不来上学。

霸凌可以分为关系霸凌、言语霸凌、肢体霸凌、性霸凌等类型。其中，肢体霸凌对孩子伤害最为直接和严重，造成的后果及影响也最为恶劣。

婴幼儿期的霸凌

虽然校园霸凌更多发生在中小学，但其实幼儿园里也存在霸凌行为。闹闹的爸爸妈妈都是独生子女，爷爷奶奶、外公外婆都争着宠他。他成了家里的团宠，向来要什么有什么，不管什么要求都能得到满足。

上了幼儿园之后，闹闹也成了班里的“小霸王”。一天，闹闹的爸爸妈妈被老师请到了学校，原来闹闹今天看到小胖带了个变形金刚玩具，特别想玩，就抢了过来，还打了小胖。而平时闹闹也经常跟同学发生争执，看到喜欢的就要别人给他，打架经常发生。

【沟通心理解读】

幼年的孩子很少怀有真正的恶意，多数都是模仿他们看到的行为。孩子的抢占等不良行为习惯，多数也是父母的误导、教育不当造成的。孩童时期遭受的霸凌，会导致学生产生严重的心理创伤，形成心理阴影，这种创伤甚至会影响孩子的一生。

有以下特征的孩子容易受到霸凌：与同学相比显得不同的孩子，比如，太胖、太瘦、戴眼镜、穿着特殊的孩子；经济条件不好的孩子；胆小、焦虑、自卑的孩子；没什么朋友的孩子。

【父母该怎么做】

如果孩子在幼儿园里是个“小霸王”，需要意识到家庭教育的问题，早点儿干预，让孩子意识到他的行为会带来的危害，避免孩子做出伤害他人的行为。父母也需要培养孩子一些融入集体、免受欺负和伤害的技巧。

听到孩子受了欺负，作为父母，要引导孩子说清楚事情的来龙去脉，及时安抚孩子的情绪，帮助孩子排解情绪。父母会心疼和气愤，但是需要尽量控制情绪，避免给孩子做暴力示范，或产生更极端的后果。父母需要加强对孩子身体素质的锻炼，遇到被欺负的情况能做到自我保护。

儿童期的霸凌

多多今年 7 岁，刚上二年级。有一天，多多的妈妈突然发现女儿的眼睛里会时不时地冒出一些小纸片，家人赶忙带她到医院就诊，医生竟从她的眼睛里取出了几十张小纸片。经过了解，原来是在学校有两名小男生欺负多多，往她的眼睛里塞纸片。

小学生霸凌现象的报道越来越多，有恐吓、收取保护费而刺伤别人的；有因为女孩长得漂亮，遭到暴打的；有因为学习非常认真，遭受同学排挤的。小学生遭受的霸凌，往往不止一次，但他们一般不敢求助，有些造成了非常严重的后果。

【沟通心理解读】

有些霸凌者刚开始欺负同学时，往往也忐忑不安，但发现被霸凌者和旁观者都没有反抗，就越来越胆大；有些霸凌者由于家庭、性格、学习等不良因素，难以通过正常途径获得尊重，通过欺压其他同学，在被霸凌者的服从和恐惧中体验优越感，使自尊心得到补偿。

被霸凌的孩子因为感到屈辱，因害怕被更严重地欺凌、害怕被小团体抛弃、害怕被贴上“打小报告”的标签，不敢求助。遭受欺凌后，有的孩子会出现性格缺陷，甚至还可能会自残、自杀，有的孩子会走向另一个极端，成为施暴者。

【父母该怎么做】

父母平时要做好教育引导，避免在孩子面前有暴力行为，营造良好的家庭氛围，要让孩子意识到没有人具有欺负他人的权利，霸凌行为是错误的且是具有较大危害的。告诉孩子若出现被霸凌行为，要及时向父母、老师求助。

如果父母发现了孩子表现异常，情绪低落，身上出现淤青、血迹等情况时，要及时给予孩子关爱、陪伴，引导孩子勇敢地说出来经历了什么，让孩子知道父母永远在他身边支持他，让他明白被霸凌不是他的错，给予孩子理解和安慰，引导孩子宣泄情绪。孩子在讲述自己被霸凌的经历时，父母不能武断地先要求孩子反思，或在孩子面前表现出较大的情绪波动，应给予孩子理解、关爱、支持，必要时进行心理治疗。

另外，父母需要通过合理、有效的手段，求助学校、公安部门，帮助孩子解决威胁，避免再发生更严重的后果。

青春期的霸凌

2019 年 7 月 21 日晚，一位十二三岁的小女孩在宜兴某公园被跪打欺凌；2019 年 12 月 2 日，江苏淮安，15 岁中专女生索要钱财未果，伙同他人殴打一名 13 岁女生；2019 年 11 月 28 日报道，福建某学校 15 岁女生在宿舍连续 2 天遭 5 名同学欺凌。

校园霸凌行为从发生后，再到被知晓，对被霸凌者身心的伤害和负面影响是多方面、深层次的。同时，很多校园霸凌事件通过手机在互联网上迅速传播，在校园及社会上造成极其严重的负面影响和舆论压力，造成了对受害学生不可逆的二次伤害。

【沟通心理解读】

2014 年，《美国精神病学杂志》发布的一项新研究发现，童年时遭受的霸凌，可能会影响一个人的一生，会造成孩子懦弱的性格，导致孩子害怕社交。孩子还常常出现情绪低落、食欲变差、厌学、焦虑、身体疼痛及行为异常等。

经常受到家庭压迫，没有自我发表意见权利的孩子，容易在学校中遭受霸凌。这样的孩子在父母眼里就像一个弃儿，也习惯了被父母压迫。学校中当同学们一次次试探之后，如果这个孩子不知道反抗，逆来顺受，就容易被其他同学霸凌。

一些心智尚未成熟的青少年，渴望得到同龄人的赞许、崇拜，但却采取了强势的方式，言语欺负、暴力伤害，霸凌其他同学。有些来自不健全家庭的孩子，可能从小遭受家庭暴力或其他暴力对待，便逐渐出现反社会人格的倾向，开始霸凌同学。

【父母该怎么做】

给孩子营造鼓励、支持的氛围，鼓励孩子勇敢地去表达出自己的想法，学会说“不”。当孩子开始和父母提出反对意见时，当孩子并没有以前那么循规蹈矩时，父母不要刻意地去压迫孩子，打击孩子。

重视孩子的心理状态，给孩子营造安全、和谐、充满爱的家庭氛围，让孩子能感到自信，有安全感。孩子情绪波动比较大时，要教给孩子合理宣泄情绪的方法，给予孩子关爱、支持、陪伴。发现孩子受伤，出现严重心理问题时，要及时带孩子就诊治疗。

沟通良方

霸凌是对孩子的身心都会造成不可逆影响的行为，但目前还没有相关的法律对这类行为予以制裁。父母需要对孩子做好教育引导，避免孩子出现暴力伤害行为，也保护孩子免受伤害。

父母需营造和谐、有爱、互相理解、支持的家庭氛围，在家中尽量避免出现争执、冲突或暴力行为，以防给孩子造成消极示范、给孩子造成心理创伤。

从婴幼儿期，就要开始给予孩子教育引导，任何人没有伤害他人的权利，培养孩子的人际交往技能，引导孩子融入集体，同时注重强身健体；儿童期应避免孩子接触一些暴力影像，若孩子出现被霸凌的情况，引导孩子主动求助，给予孩子支持、关爱、陪伴；青春期容易冲动，也更加敏感，要给孩子营造支持、理解、关爱的家庭氛围，让孩子感受到安全的陪伴。若出现孩子被暴力伤害的情况，要注意避免网络暴力的二次伤害，可以求助相关机构，带孩子及时就诊治疗。

第三节　离异：父母的问题，与孩子无关

近年来，离婚率呈逐年攀升的趋势，而婚姻背后的家庭，家庭中的孩子，都是需要谨慎对待的，父母离异该如何与孩子沟通，才能把伤害降到最低?

婴幼儿期的离异

有些年轻人冲动结婚，孩子降生后，夫妻双方的性格磨合、家庭生活的压力、工作的压力，导致冲突不断，又匆忙离婚。离婚后的孩子交给老人抚养，年轻的父母再继续寻求真爱，孩子成了被遗忘、被抛弃的对象。

臭蛋的爸爸妈妈离婚了，不到1岁的他就被放到了奶奶家抚养。送过来的第一个月，孩子几乎每天都在哭，奶奶恨恨地喊着“臭蛋”，也喊顺口了。现在已经快3岁的臭蛋，每次出门都被小朋友们喊“没爹娘的臭蛋”，臭蛋回家问奶奶，奶奶回答说：“你爹娘不要你了。”臭蛋哭了很久，之后很少出门玩，话也变得很少。

【沟通心理解读】

经历父母离异的婴幼儿，还不懂得会产生深深的自责、内疚，

认为是不是自己哪里做错了，父母为什么抛弃自己？他们会有很强的不安全感，有时会幻想父母复合，行为出现退行现象，比如，尿床、黏人、怕黑等。

离异家庭中的孩子，跟着父母一方生活，有些被送给老人抚养，家庭中淡漠的氛围，使得父母的教育、关爱都有所缺失，难以建立依恋、稳定的安全感、健全的人格，还会产生自卑心理，回避交往。

【父母该怎么做】

父母要能以平和的、较好的接纳态度，积极乐观地生活。父母生活的态度，也会对孩子产生影响。父母要客观地跟孩子解释，以平静的、不带抱怨的心态解释自己的现状，引导孩子和自己一起积极、努力地生活。

父母不能因为感觉对孩子有些缺憾而过度溺爱孩子，或过于严格要求孩子，要让孩子也能有正常的心态。让孩子能与离异的爸爸或妈妈有所接触，能够感受父母双方给自己的爱，让孩子平时通过多接触亲属，多感受长辈的关爱。

儿童期的离异

真真是一个活泼、可爱的女孩，会唱歌、跳舞、主持，老师都很喜欢她，可是最近真真却有点儿反常，从未迟到的她，最近频繁迟到，上课也经常发呆走神，老师找她谈话，她大哭说：“爸爸妈妈要离婚，他们不要我了。”

经了解，真真的父母最近在闹离婚，他们也不管真真，真真的妈妈在家里总是以泪洗面，跟真真不停地抱怨。真真的爸爸在真真面前说她妈妈脾气太暴躁……他们让真真决定跟谁过，真真不希望他们离婚，做不出选择，非常痛苦。

【沟通心理解读】

父母之间因为离婚的事情在家中发生争执，导致家庭氛围紧张，孩子感到为难。有些父母不能很好地调节自己的负面情绪，将孩子当成出气筒，把情绪发泄在孩子身上。孩子长期遭受这样的对待，压抑、愤怒、自责，对父母、对家庭，都会产生愤怒、逃离的心态，有可能还会出现自暴自弃的想法。

有些父母离婚过程中会争夺孩子的抚养权，并让孩子自己做出选择。其实父母双方都是孩子最亲、最爱、最崇拜的人，让孩子放弃任何一方，都是痛苦的煎熬。孩子会对父母中强势的一方产生憎恨，对弱势的一方感到内疚，内心冲突、矛盾、弥漫着痛苦和压力，有时会出现自残、自伤、暴力行为，社交和学业都会出现退步的情况。

【父母该怎么做】

父母出现情感问题，必须离婚的情况下，要处理好自己的问题，避免让家庭中弥漫着紧张的负面情绪。夫妻之间协商，避免在孩子面前说对方的不是，将孩子卷入其中做决断。父母需要与孩子做好沟通，给孩子一定的缓冲时间，明确告诉孩子，离婚是父母之间的问题，不管发生什么，爸爸妈妈都是爱他的。

孩子最终跟随某一方之后，避免在孩子面前成为诉苦的“祥林嫂”，将痛苦的情绪转移到孩子身上，孩子也会自我否定。要能在孩子面前展现对方的优点，让孩子能够感受到父母双方的正能量，让孩子能有接触对方的机会，感受到父母双方的爱，避免因愧疚而没有原则的溺爱。

青春期的离异

电视剧《小欢喜》中，英子的父母离婚，对英子来说，一直是一个创伤，她最希望的就是父母能在一起。英子的妈妈经历婚姻的失败，将自己的人生希望完全寄托在英子身上，忽略英子自己的人生理想，严格控制英子的饮食、活动和学习，只要英子做了不随自己心意的事情，随时可能情绪崩溃，英子只能一次次地讨好妈妈。

英子的爸爸因为歉疚，对英子过度溺爱。英子的妈妈因母女关系过于紧张，严格控制英子见爸爸的次数和时间，听说可能的后妈对英子较好，便产生强烈的愤怒，对英子实施冷暴力。种种原因，英子感到了强烈的矛盾、冲突、压力、痛苦，开始厌学、失眠、抑郁，直至离家出走、要跳海，她的父母才幡然醒悟。

【沟通心理解读】

离异家庭中的父母，有时会难以控制自己的情绪，将自己的人生希望寄托在孩子身上，对孩子过于严格控制。这对孩子造成了巨大的压力，导致青春期逆反加剧，孩子与父母的冲突也会升级，孩子出现心理问题或极端行为的概率增加。

青春期的孩子正处于建立自我同一性的阶段，父母的离异，对孩子也是一个打击。若父母在孩子面前讲述对方的不好，孩子会出现自我认同混乱，自我否定，还会怨恨父母的离异，回避亲密关系，甚至对婚姻都会有阴影。

【父母该怎么做】

父母离婚的事情，不要将具体的细节、矛盾冲突的内容详细地告知孩子，避免将冲突、离婚的原因归结为孩子的问题。这样孩子会对自己产生强烈的自我否定，甚至自我拒斥。即便离婚，父母也要让孩子感受到双方的爱、鼓励和支持。

离异的父母若准备再婚，需谨慎做出选择，确保再婚的对象是充满爱的，对孩子是接纳的，对孩子是关爱的，再婚家庭不会给孩子带来更多伤痛。另外，父母也需要给孩子充足的时间接受新家庭，给孩子合理的引导，在再婚家庭中享受到更多的关爱。

沟通良方

离婚的现象目前越来越普遍，而离异家庭的孩子是否会受到离异事件的影响，与父母跟孩子的沟通、养育有很大的关系。

离异家庭中，任何一方的教养缺失都会对孩子产生一定的影响，父母需协商好，给予孩子来自双方的爱，在不能满足的情况下，也尽量展示给孩子对方的优点，让孩子产生自我认同。对于离异的原因，说明清楚是父母之间的事，避免在孩子面前发生争执，避免在孩子面前反复诉说对方的不是。若准备再婚，要确保再婚的家庭是接纳孩子、充满爱的家庭，避免对孩子产生二次伤害。

最关键的是要让孩子意识到父母离异是父母之间的问题，与孩子无关，不是爸爸或妈妈要抛弃孩子，让孩子知道爸爸和妈妈都是爱孩子的。

第四节　挫败：如何摆脱持续的挫折感

20 世纪 60 年代，美国心理学家塞利格曼经过动物实验，提出了“习得性无助”的概念。实验中，他将狗关在笼子里，只要蜂鸣器一响，就施以电击，狗关在笼子里，逃脱不了，只能惊恐哀嚎，多次实验后，蜂鸣器一响，狗就倒地呻吟哀嚎。之后实验者在电击前，把笼门打开，狗也不逃跑了，蜂鸣器一响，不等电击出现，狗就倒地呻吟哀嚎。原本可以采取行动避免不好的结果，却选择相信痛苦一定会到来，放弃任何反抗。1975 年，塞利格曼选取大学生当受试者，结果也产生了“习得性无助”行为。

每个人的人生都会经历挫折，但如何看待挫折，遭遇挫折时以什么样的心态应对，是仅“一事”未成还是“一事无成”，需要父母给予孩子及时的引导，帮助孩子改变自我否定的心态，建立自信。

婴幼儿期的挫败

婴儿出生后通过哭的方式，呼唤妈妈或照料者来满足自己的需求。若持续的哭泣得不到反馈，婴儿就会形成持续的挫败感，自己的需求是得不到满足的，会形成“习得性无助”。幼儿天生对环境充满好奇，会有各种探索和尝试，但父母发现可能会有安全隐患，或可能不干净，就会立刻喝止、威胁、恐吓，“不准……”“不能……”“有大灰狼”……在这种风格养育下的孩子，对世界充满了恐惧和不信任。

【沟通心理解读】

习得性无助是指通过学习形成的一种对现实的无望和无可奈何的行为、心理状态。表现为消极地面对生活，没有改变现状和困境的动力。习得性无助的人会从 3 个角度解释自己的失败。

1. 自己的原因，“全都是自己的错”。

2. 泛化解释，“我什么都做不好”。

3. 永久的解释，“以后都会这样，无法改变了”，持续的自我否定。

父母若对孩子过于高标准地要求，孩子在成长过程中，感受到的都是未达到父母期待的状态，接收到的始终都是父母负面的评价。看不到父母对自己进步的欣喜，孩子会有强烈的挫败感，长久下去，会陷入“习得性无助”。

【父母该怎么做】

孩子的需求若能够及时满足，就能够帮助孩子获得稳定的安全感，建立对他人、对自己的信任。父母与孩子玩亲子游戏，与孩子比赛穿衣、比赛吃饭，可以让孩子感受挑战的快感，体会成功的喜悦。

积极鼓励孩子探索，让孩子勇敢尝试，不要恐吓、威胁、制止孩子的探索行为。家长可以给予孩子及时的鼓励和夸赞，夸奖孩子时，不是概括、抽象地夸孩子“聪明”“真棒”，而是具体地对孩子的努力、进步、改变进行夸奖，帮助孩子看到通过自己努力获得的改变。

儿童期的挫败

1968 年，美国心理学家罗森塔尔与雅各布森等人在一所小学做了一个实验，他们随机从每班抽 3 名学生，共找出 18 名，将他们的名字写在一张表格上，交给校长，并极为认真地说：“这 18 名学生经过科学测定全都是高智商人才。”8 个月后，罗森塔尔和他的助手们又来到该校，发现这 18 名学生都取得了很大进步，老师也都给了他们正面的评语：性格活泼开朗，自信心强，求知欲强，更愿意与他人打交道。罗森塔尔这时才对他们的老师说，自己对这几个学生一点儿也不了解。

欣欣今年 12 岁，家里有个非常严格的爸爸，欣欣无论做什么都难以得到他的肯定。欣欣考试没考好，他会生气地训斥：“每次都考这么差，脑子干吗用的。”欣欣吃饭吃得慢，他会说：“吃饭都吃这么慢，难怪学习学不过别人。”欣欣放学出去玩一会儿，他爸爸看到喊回去：“学得不如别人，还有脸出去玩。”在他爸爸长期的打击下，欣欣的话越来越少，每次看到他爸爸就躲到房间里，他爸爸仍然会说：“就知道待在房间里偷着玩。”有一次，欣欣拿着卷子回家，自己也很伤心，明明努力了，还是没考好，听着他爸爸一直不停地训斥，欣欣大哭道：“你总是这样批评我，我那么笨，你们生我干吗！”他爸爸也愣住了。

【沟通心理解读】

罗森塔尔效应告诉我们，期望对孩子的影响之大。老师寄予了更高的期望，投入了更大的热情，更加信任、鼓励他们，反过来这些孩子的自信心也得到了加强，他们进步得更快，发展得更好。父母给予孩子积极的鼓励和期待，这可以增强孩子对自我价值的认知，变得更加自信，并努力达到父母的期待。反之，向一个人传递消极的期望则会使人自暴自弃，放弃努力。

有些父母使用打击教育，对孩子要求很高，只要达不到要求就批评指责；孩子做错一点儿事，就指责打骂；孩子以前做不好，就认为孩子一直做不好，对孩子不抱希望。长此以往，父母对孩子失去了信心，这种负面评价投射给孩子，孩子也不相信自己能做好，会产生持续挫败感，丧失行动的动力，甚至会产生更悲观的念头。

【父母该怎么做】

父母在育儿的过程中，要学会放松，释放焦虑，对孩子能够保持积极的期待，能够带着发现美的眼光看待孩子的成长。孩子取得好成绩给予表扬，同时，在孩子努力取得进步，成绩变化并不大时，也需要给予孩子安慰和鼓励。

孩子会为了自己没达到期待的目标，而感到痛苦和难过，甚至大哭、发脾气、赌气时，父母需要耐心陪伴他，安慰他，帮他平复这样的情绪，引导孩子看到自己的努力、看到自己优秀的品质，在孩子反复经历成功、挫折后逐渐理解成功需要自己的努力，输赢不会总偏向某一人。

永远不给孩子乱贴负面标签，例如，“你真笨”“做什么都做不好”，这是对他们整个人的否定。少一些批评、责骂，多一些包容、鼓励，引导孩子从错误和失败中总结，看到自己的闪光点，找到不足，收获经验，逐步成长。

青春期的挫败

婷婷今年读高一，人生第一次住校。面对新学校，新环境，课程任务加重，婷婷体验到了前所未有的挫败感，洗漱、整理、打扫卫生都比别人慢；数学老师语速过快还带点儿口音，不太能听懂；坐得有点儿靠后，看不清黑板上的字；第一次月考成绩出来，婷婷的名次比入学时掉了十几名。婷婷经历了人生的第一次失眠，熄灯后在厕所哭，躲被窝哭。“我真是太差了”“怎么能这么糟糕”“我不是块学习的料”“学不好了吧”……众多消极观念在她的脑海中浮现，她开始不断地自我否定。

周末放假回家，看到低着头、肿着双眼的婷婷，婷婷的父母和她进行了促膝长谈，跟婷婷仔细总结：看不清黑板，视力下降，配眼镜；听不清的，先做好预习，通过已经理解的内容多加训练跟上老师的语速；月考的成绩，数学拖了很大后腿，其他几门还都是前几名，不是学习能力的问题；数学错的比较多的都集中在其中一章的知识点上，针对性的补习可以赶上去；掉了十几个名次，还排在中上，后面还有很多人呢，不要急……经过父母的开导，婷婷找回了自信。

【沟通心理解读】

青春期的孩子，内心很敏感，经受几次失败就会产生强烈的挫败感，努力很久，却始终达不到自己的预期目标，就开始相信“命运”，觉得一切的努力都是徒劳，认为自己做什么都做不好，甚至产生特别悲观的想法——“我就是这么糟糕”。

美国心理学家韦纳把人们对成败的结果归结为 6 种原因：能力、努力程度、任务难度、运气、身心状况和外界环境。又把上述 6 种原因按各自的性质，分别归入 3 个维度：内部因素和外部因素、稳定性因素和非稳定性因素、可控制因素和不可控制因素。

【父母该怎么做】

引导孩子进行合理的归因，若每次失败都是自身的原因，成功都是运气，孩子容易自卑、自我否定。要帮助孩子在失败中看到外部因素，比如，难度、状态等；在成功中能够看到自己的内部因素，比如，能力、努力等；帮助孩子建立自信、增强战胜挫折的勇气，相信自己的能力。

在孩子遇到挫折、失败时，父母需以平和的心态，帮助孩子进行分析，引导消除孩子极端的、否定的自我认知，改善情绪状态，肯定孩子的成绩和努力，跟孩子一起制定可以逐步实现的阶段性目标，不断增强自信。

在孩子遭受挫折时，可以用《孟子》中这段经典的语句给予鼓励："天将降大任于斯人也，必先苦其心志，劳其筋骨，饿其体肤，空乏其身，行拂乱其所为，所以动心忍性，曾益其所不能。"

沟通良方

孩子经历挫折，尤其是持续性的挫折后，容易形成"习得性无助"，认为都是自己的原因，什么都做不好，持续悲观、自我否定。父母需要给予孩子进行引导，建立自信，以积极的态度看待挫折。

婴幼儿期，父母需及时回应孩子的需求，帮助孩子建立对自己、对环境的信任，避免形成"习得性无助"；从儿童期开始，父母需要给予孩子及时的鼓励与支持，引导孩子看到自己身上的闪光点，引导孩子对成功和失败进行合理的归因，看到自己的能力，看到自己的努力能够得到的进步和改变，帮助孩子消除对自己的否定的、不合理的信念，调整好情绪，积极乐观地面对生活。

第五节　死亡：敬畏生命、仪式告别

据世界卫生组织统计，自杀已经成为 15 ～ 29 岁的青年群体中第二常见的死因。为人父母，很重要的一堂课，也是毕生都要学习的功课，就是死亡教育。“死亡教育”的目的是要让孩子认识到生命的有限，树立正确的生死观念，尊重生命，以正确的态度追求生命的价值和意义。

婴幼儿期的生命教育

年糕的爸爸有一次给年糕洗澡时，对他说：“再长大一点儿就可以自己洗澡了哦。”年糕说：“我要到 100 岁再自己洗。”爸爸回答：“等你到 100 岁时，爸爸妈妈都不在了。”年糕问：“你们去哪里了？”爸爸说：“就去另外一个世界了。”年糕问：“我可以去吗？”爸爸说：“要等你 100 岁以后才能去哦。”

从那之后的连续几天，年糕总会时不时地问爸爸或妈妈：“你们在我 100 岁以后去哪里？为什么去另外一个世界？”爸爸被问得不耐烦后，最终直接回答：“我们会死啊。”年糕说：“死是什么？”爸爸说：“死了就是没有呼吸，没有生命了。”年糕的爸爸妈妈还有点儿担心是不是太早给孩子讲述了关于死亡的话题。

【沟通心理解读】

研究表明，孩子 4 岁左右会产生死亡的概念，如果无法得到父母或者老师的正确引导，容易对死亡产生错误认知，进而形成负面情绪，影响一生。

孩子开始对死亡有朦胧的意识时，就应当给予恰当的引导，通过绘本故事、生活体验等理解生命的历程，了解生、老、病、死的自然规律。

【父母该怎么做】

若父母和孩子在沟通的过程中涉及了死亡的话题，或者有亲人离世，可以通过和孩子共读绘本故事的方式，帮助孩子理解死亡，这类绘本故事有《爷爷变成了幽灵》《当鸭子遇见死神》《奶奶的护身符》等。

父母也可以带着孩子一起观察自然界的植物和动物，带着孩子种植花草、养育小动物。从小草的“一岁一枯荣”，花谢花开，昆虫、动物的成长变化等自然现象中，了解到生命的历程，理解生命发展直至死亡的规律。

儿童期的生命教育

柴静的《看见》中有一则《双城的创伤》，因为男女生之间懵懂的情感诱发出谣言，导致六年级的苗苗服毒自杀，她的 4 个朋友接受不了苗苗的离开，相继自杀，所幸都被救下。令人唏嘘的是，老师和父母在自杀事件发生后，并没有及时注意到孩子的变化，及时地进行疏导、教育。在连环事件发生后，学校和父母都没有人给孩子进行死亡教育，而父母、老师也都困扰于不知如何与孩子谈论这类话题。

四年级的悠悠，中午正在学校自习，好友娟娟跑到她身边说："中午经过你家门口，看到好多人都在哭，好像你外婆去世了。"悠悠听了趴在桌子上哭了起来，下午的课没上多久，家里的几位表兄妹都一起被喊回了家，看到大家都在哭，听着大人的哭诉，知道"走了"就是再也见不到了，几位小朋友也一起哭了起来。晚上悠悠有点儿害怕，悠悠的妈妈对她说："不用怕，外婆是咱们的亲人，走了也会守护着咱们的。"悠悠听了，安心地睡着了。

【沟通心理解读】

孩子对死亡的恐惧，一方面是看到平时很厉害的大人们都在很无助地哭泣；另一方面是看到葬礼现场异于寻常的布置，他们不能完全理解，他们所体会的是对丧葬环境的恐惧，共情的是大人的痛苦和伤心。此时需要给予孩子及时的引导，帮助孩子理解环境的含义，大人们伤心、痛苦的原因。孩子开始了解死亡，理解死亡便是生命的终结，有时还会做跟死亡相关的噩梦，逐渐了解每个人都会在未来的某一天死去。

史学家司马迁说过，"人固有一死，或轻于鸿毛，或重于泰山”。生命的长度是有限的，但每个人生命的宽度、生命的价值，却是不一样的，引导孩子从死亡中看到生命存在的价值和意义才是死亡教育、生命教育的关键。就像动画片《大耳朵图图》其中一集和电影《寻梦环游记》所揭示的生命的意义，即便死去了，却留下了让人们记住他的礼物，这样的礼物便是生命的意义。

【父母该怎么做】

引导孩子正确地看待死亡，面对孩子提出的有关死亡的问题，尤其是身边有亲人去世时，不回避死亡的话题，能以直接、简单的方式回答孩子提出的问题，让孩子理解死亡是生命的终结。可以通过与死亡教育相关的书籍、电影，如《寻梦环游记》，更好地理解死亡。

可以带着孩子参加亲人的葬礼，理解去世的含义，引导孩子发泄内心的痛苦和伤心，做好告别。大人在发泄自己的情绪之后，也要能关注到孩子的情绪，让孩子意识到父母虽然经历了伤心、痛苦，但仍然可以给予他足够的安全感。

青春期的生命教育

最近几年，未成年人自杀的事件剧增，自杀的原因包括学习压力太大、与父母有矛盾、一时冲动、同伴模仿等。轻易地放弃生命，对家庭是沉痛的打击，而父母常常只能在事后后悔为什么没能早些关注到孩子的状态，为什么没有及时给予孩子疏导。

控制型的父母、批判式的教育，容易给孩子造成很大的压力；冲突的家庭氛围、暴力的父母，会给孩子造成创伤，导致孩子的暴力行为；消极的父母对孩子漠视，孩子容易走上歧路；溺爱的父母、没有原则的抚养，孩子缺乏底线意识、规则意识，都不利于孩子的成长，也更容易出现极端事件。

【沟通心理解读】

青春期的孩子内心非常敏感，好友、亲人的离世对孩子的打击非常大，孩子会体会到孤独、无助、自责、恐惧。父母需要给予更多的细心、耐心，给予孩子更多的关爱与陪伴，让孩子感受到关爱、理解、支持、尊重，体会到足够的安全感。

如今很多青少年都承受不了压力和挫折，缺乏对生命的敬畏。他们需要在成人的引导下，树立对自己人生的信心，增强对自己、对他人、对社会的责任心，增强挫折的耐受力、释放压力的能力、情绪的调节能力，强化对生命意义的认知。

【父母该怎么做】

父母需及时关注孩子的情绪状态，尤其当孩子周围出现了极端事件时，更要给予孩子及时的引导，理解孩子状态低迷的原因，当孩子出现“他人的死亡是自己的错”的自责念头时，要及时给予孩子干预，帮助孩子摆脱这样的观念，让孩子认识到死亡不是他们的错，与他们无关。引导孩子通过写日记、画画、听歌、运动等方式，发泄自己伤心、痛苦的情绪，与孩子一起运动、看电影等，帮助孩子调整状态，与孩子探讨生命的意义，让孩子知道，父母就在他们身边。

营造温馨、和谐、有爱的家庭氛围，与孩子理性、平等地沟通，让孩子体会到父母对自己的关爱与珍视，父母的爱是无条件的。父母自身要树立珍爱生命、坚毅、耐挫的榜样，教育孩子尊重他人和自己的生命。通过讲解一些榜样人物的事迹、领略各地风土人情，让孩子感受生命的意义和价值，引导孩子探寻自己的兴趣和人生价值。

沟通良方

死亡，对中国人来说，是比较严肃的话题，父母很少与孩子主动提及。但若孩子的生活中已经涉及亲人或友人的死亡，或者孩子主动谈论起了相应的话题，父母就应当坦然地与孩子进行沟通。

从婴幼儿期开始，孩子便意识到了“死亡”的概念，可以通过阅读绘本故事、观察身边的花、鸟、虫、鱼，理解死亡的含义；儿童期的孩子，对死亡有了更多的理解，可以让孩子参与亲人、友人的葬礼，理解身边的人在面对死亡时的情绪，给予孩子足够的安全感，引导孩子宣泄负面情绪；青春期的孩子，需要更多的生命教育，让孩子尊重他人和自己的生命，培养孩子的耐挫力，引导孩子探寻自己的兴趣和人生价值。